U0923434

长声闲话

系紧兜裆布

李长声 著

图书在版编目（CIP）数据

系紧兜裆布 / 李长声著. —北京：生活 · 读书 · 新知三联书店，2014.8
（长声闲话）
ISBN 978-7-108-04782-3

Ⅰ. ①系… Ⅱ. ①李… Ⅲ. ①民族文化－研究－日本 Ⅳ. ①K313.03

中国版本图书馆 CIP 数据核字（2013）第 273574 号

责任编辑 韩 冰　　封底撰文 傅月庵
装帧设计 康 健　　扉页刻印 周之江
责任印制 徐 方　　纹样支持 一芯社
出版发行 生活 · 讀書 · 新知 三联书店
（北京市东城区美术馆东街 22 号 100010）
网 址 www.sdxjpc.com
经 销 新华书店
印 刷 北京鹏润伟业印刷有限公司
制 作 北京金舵手世纪图文设计有限公司
版 次 2014 年 8 月北京第 1 版
2014 年 8 月北京第 1 次印刷
开 本 850 毫米 × 1168 毫米 1/32 印张 10.125
字 数 175 千字
印 数 0,001－8,000 册
定 价 38.00 元
（印装查询：01064002715；邮购查询：01084010542）

前言

若说我和三联书店的交往，可谓久矣。

初，编一个有关日本文学的杂志，结识了前辈沈公昌文，当时他主编《读书》杂志——沈公也曾主掌三联，但结交几十年，和很多人一样，从来只把他当师友。后随潮东渡，上世纪九十年代初沈公嘱我写写日本事，这就是我今生作文之始。

藉编辑及写作，与三联交往至今，算来已亲近三四代编辑了。这么持久地扶植一位作者，大概是三联的传统，却也像是我偏得。三联给我出版的第一个集子《东居闲话》，责编是卫纯，翩翩少年。其实，更早些年在辽宁出版《东游西话》，收在《书趣文丛》里，那就是沈公和吴彬策划的选题。扬之水审编过拙稿，有了大名之后还为我拨冗作序。《读书》

也曾约董炳月兄写过关于我的书评。

郑勇是卫纯的头儿，酒桌上有人说项，他慨然要给我这个三联老作者出文集，总编李昕兄也另加青眼，幸甚至哉。后来郑勇带着卫纯接手《读书》去了，这事儿就完全由韩冰打理。也真是有缘，她在日本读书时就相识，那种日本式认真，从申报选题到选目定稿，令我感动不已。

我写的是随笔。年轻多幻想，正好写小说；年过不惑，就应该写写随笔罢。又自我规定为知识性与趣味性，也就是有益而有趣。有益而无趣，难以读下去；有趣而无益，不读也罢。还需要点淡泊，对于热血的读者来说却近乎泼冷水。在东京或北京偶遇私所仰慕的名人，提及上大学或研究生院时读过我在《读书》上的专栏，每每令我感叹当年世无英雄，也不禁暗喜自己不枉为过客。

我写作向来是认真的，很有点处女座性格。所写内容局限于文化，因而逝者如斯，读来似乎也并无过时之憾。这种写作大概客观上也算是一种文化交流。或许有助于了解，但关系的好坏未必取决于了解或理解。兄弟阋于墙，彼此很了解；理解万岁，并非万能。文化交流在历史上也带来过战争，最典型的例子不就是日本与中国么？

几乎每次进京都要和沈公等人聚会，只要有他在，满座皆欢。那情景掠过脑际，不由得“山寨”一首我爱读的马悦然汉俳：

老手点了菜
面前孤立一瓶啤
要说玄宗啦

李长声

二〇一四年七月一日

记于东瀛高洲

目次

君从何处来

北大的中文教授在日本的东大讲学，给国内写道：近期多次跟日本朋友讲，日本人是云南人的后裔，他们大多很受惊。不过日本人面对新知识，普遍都能冷静听取，仔细追问，认真记录。云云。

根据我的经验，教授所面对的日本人或许有一种情况，即不以实对，这是中国人早在唐代就领教过的。初来日本时勉强寒暄两三句，他们就惊叹：你的日语可真好。此话若当真，不妨飘飘然。侨居日本二十年，结交了好些酒友，酒后吐真言，再没人夸我日语说得好，虽然我觉得远远比当年跟他们能沟通。中国人喜欢强不知以为知，而日本人常常知也装作不知。孔夫子说，知之为知之，不知为不知，似乎中国人和日本人各取其一，合在一起才是知。

能够跟我们北大教授当日本朋友，必定有文化，那么，对于他们来说，“日本人是云南人的后裔”就不会是“新知识”，因为这本来是鸟越宪三郎提出的一说：倭族起源于云南滇池，一部分人带着稻作迁移到日本列岛。但日本人今天天气哈哈哈，于是乎“冷静听取”，“认真记录”，至于“仔细追问”，可能去追问日本的人类学教授更靠谱。

日本人很爱问自己从哪里来。这样的疑问，我们听来简直像骂人，谁不知道中国人是从北京山顶洞走出来的。据说，从江户末年来日本的德国医生希尔伯特算起，日本研究此问题近二百年。距今一万年以前日本列岛上遍地火山灰，没有人居住，这曾是考古学界的常识。1949 年一个爱好考古的年轻人在行商路上发现了用黑曜石打制的锐利石片，由此认定日本列岛上也有过旧石器时代，至晚三万五千年至一万年前就有人了。上世纪 80 年代以后日本的历史进一步改写，高中课本上印着日本挖出六十万年至十五万年以前的石器，但 2000 年石破天惊，这些石器都是一个叫藤村新一的人偷偷埋下的。清除捏造，还历史以本来面目，岛上有人迹还是一万多年。

旧石器时代后期地球上遭逢最后的冰河期，海面甚至下降百来米，日本列岛可能与大陆有相连之处，人就从大陆走过来，大概不是北方的山顶洞人，而是比山顶洞人更原始的南方柳江人。一万三千年前冰河期结束，海水上涨，把日本列岛孤悬海外，与大陆隔绝上万年。岛上的人很会用泥土烧制坛坛罐罐，史称绳文时代。青铜器很让我们中国人自豪，而日本独特的是土器，并用来划分历史时期。两千三百年前步入弥生时代，这回是东北亚地域的大陆人逃避战乱或天灾，一船又一船渡海而来，被称作渡来人，带来了稻作、金属等。在西南部上岸的渡来人跟土著混血，同化，人丁兴旺，可能就拿出大陆的习性与做法向东扩张，留下了神武东征的传说。绳文人来自东南亚，弥生人来自东北亚，这就是有人主张的日本人二重构造说。

日本人到底从哪里来，迄今无定论，绳文人和弥生人都来自大陆北方也说不定。

国号

日边瞻日本，云里望云端。

远游劳远国，长恨苦长安。

辨正作《在唐忆本乡》，收在日本第一部汉诗集《怀风藻》中。诗前有汉文小传：

“辨正法师者，俗姓秦。性滑稽，善谈论。少年出家，颇洪玄学。大宝年中，遣学唐国。时遇李隆基龙潜之日，以善围棋屡见赏遇。有子朝庆、朝元。法师及庆在唐死。元归本朝，仕至大夫。天平年中，拜入唐判官，到大唐见天子。天子以其父故，特优诏厚赏赐。还至本朝，寻卒。”

此诗引人注目之处是“日本”二字。日本宪法定国号为“日本国”，日本是从什么时候开始叫日本的呢？

“大宝”是文武天皇的年号。701 年，三田五濑谎称在对马提炼出黄金，天皇大喜，改年号为“大宝”。日本正式采用年号是645年，即孝德天皇的“大化”，此后断断续续，自“大宝”才制度化，以至于当今的“平成”。大宝元年，参照中国律令制定了大宝律令，从此确立中央集权体制，小帝国像模像样了。信心满满，于是时隔三十三年重新派出遣唐使。翌年6月，遣唐使船从与大陆交通的门户筑紫启航。因为跟朝鲜半岛的新罗打过仗，关系紧张，不能走北路，只好冒更大的风险走南路和南岛路，驶向长江口岸。《续日本纪》里记载：执节使粟田真人一行到了唐国，有人过来问：

“你们是哪里来的使节?”

“我们是日本国使，这是什么地方呀?”

“是大周楚州盐城县界。”

“原先是大唐，现在叫大周，国号怎么改啦?”

“永淳二年皇帝驾崩了，皇太后登基，叫圣神皇帝，国号大周。常听说海东有一个大倭国，是君子国，人民活得富足快乐，讲文明，懂礼貌，现在见到你们，衣冠楚楚，相貌堂堂，看来真是那么回事哩。”

问话的人聊了几句，“语毕而去”，不会是海关人员。大概他认为改朝换代是放之四海而皆准的铁则，无须问一句“原先是大倭，现在叫日本，国号怎么改啦”，径把大倭国和日本当作一回事。可是，遣唐使到了长安却有点麻烦。《旧唐书》

记载："日本国者，倭国之别种也。以其国在日边，故以日本为名。或曰：倭国自恶其名不雅，改为日本。或云：日本旧小国，并倭国之地。其人入朝者，多自矜大，不以实对，故中国疑焉。"名不正则言不顺，中国对于国号很重视，但问来问去，日本人支支吾吾。大唐朝廷做出三种揣测，最终认为"日本国"与"倭国"是两回事，以至分别列传，把真人来贡当作日本国第一次通使。虽疑焉，但圣神皇帝也不以为怪，还赐宴德麟殿，吃"中华料理"，并且给粟田真人封了个司膳卿。

《续日本纪》是797年纂修的正史，接续《日本书纪》，记697年至791年之间的史事。从上面引述的文字来看，日本使臣觉得中国改变了国号很奇怪，至于本国的国号，明知中国人如堕雾中却不辩一辞。究其原因，恐怕是那时日本对国号并没有明确的意识。607年小野妹子出使隋朝，国书的抬头写得蛮浪漫："日出处天子，致书日没处天子，无恙云云"，没有国号。"多自矜大"，与大隋天子平起平坐，炀帝读了就不悦。后世当作摸老虎屁股的壮举，很喜欢渲染此事，但隋炀帝不过对外交部长说了句以后不要再给我看这种无礼的东西而已。小野妹子再度使隋，国书的写法改为"东天皇"、"西皇帝"，还是没国号。

粟田真人的遣唐使团中有一位山上忆良，日后大大的有名，回国前写了一首和歌，其中有“早日本边”的字样，这个“日本”读若 yamato，即“倭”。粟田真人于 704 年回国。720 年编就的日本第一部正史《日本书纪》是面向国外的史书，书名使用了“日本”。日本人创造“日本”这个汉语词，读音和“倭”字相同，实质上只是改变了对外的汉字表记。可能正因为这一点，日本人不认为国号有变，却教习惯于易姓革命的中国人难以理解。尽管莫名其妙，但名从主人，大唐很快就叫开了，似乎没有人反感其美称，偏坚持叫倭国或倭奴国。

753 年以藤原清河为团长的遣唐使团返日，李隆基赋诗送行，题目是《送日本使》。诗云：“日下非殊俗，天中嘉会朝。念余怀义远，矜尔畏途遥。涨海宽秋月，归帆驶夕飙。因惊彼君子，王化远昭昭。”此诗见于《全唐诗逸》。江户时代汉诗人市河世宁从日本存留的中国典籍中搜辑唐诗，成《全唐诗逸》三卷，于 1804 年付梓。其中八十二人是《全唐诗》里没有的，中国在 1823 年翻刻。“矜尔畏途遥”正是《旧唐书》所谓“太宗矜其道远”——考虑到道远途遥，九死一生，太宗告诉下边管事的，不要叫日本年年来朝进贡，但日本人似乎从古到今也不曾领会这种外交气度。

辨正俗姓秦，据《日本书纪》记载，秦始皇的子孙弓月君率一百二十县百姓东渡日本，所以他祖上东渡也有些年头了。辨正在大唐娶妻生子。次子朝元回国报效，赐姓忌寸，受命培养翻译人才。733 年他也成为遣唐使的一员，重返中国，那时李隆基早已是大唐天子，念他老爸的旧情，赏赐特别厚。辨正的诗写得挺伤感，好像有家难归、报国无门似的。

年号

中国使用阳历，但不曾像日本那样彻底废除了阴历，看来中国也会让古来文化与外来文化并存，建构更丰富的文化，跟日本一样。大陆人来在日本，对阳历没什么不适，即便日本自明治年间把阴历年节统统拿到阳历来过。不习惯的是年号，或许就觉得日本很传统。

关于年号，黄遵宪写道："纪年史创春王月，改朔书焚夏小正。四十余周传甲子，竟占龟兆得横庚。"这诗不大有意思，诚如钱锺书所言："假吾国典实，述东瀛风土，事诚匪易，诗故难工。"又说"《日本杂事诗》端赖自注，椟胜于珠"，周作人也正是这样的看法。至于钱锺书所谓"凡新学而稍知存古，与夫旧学而强欲趋时者，皆好公度"，恐怕是社会转变之际的正常现象，四海皆然。

中国用年号纪年乃汉武帝创建，第一个年号是“建元”，时当公元前 140 年。这位“略输文采”的皇帝不仅在空间上，而且在时间上统治芸芸众生。八百年后日本初具规模，645 年中大兄皇子发动宫廷政变，迫使其母皇极天皇让位，扶植舅舅上台，是为孝德天皇，始立年号曰“大化”（也有人认为是后世追补的）。当时的变革被称作“大化改新”，是历史教科书上最早冠以年号的事件。701 年修成《大宝律令》，明文制定了年号纪年法。年号的文字取自中国唐代以前的古典。例如“明和”，出自《尚书》“百姓照明，协和万邦”，“安永”出自《文选》“寿安永宁”。明和九年（1772），江户流行瘟疫，又发生大火，灾难连连，人们认为是“明和九”不好，发音跟“迷惑”一样，搅扰妨害，便改元“安永”。从大化到平成，一千三百年间用年号二百四十七个。明治以前，改元无准谱，“代始改元”、“祥瑞改元”、“灾异改元”、“革年改元”（基于谶纬，年逢辛酉或甲子则改元，以防江山易姓），不一而足。自明治天皇始，“革易旧制，一世一元，以为永式”。这项改革是参考了中国明朝洪武改元以降的年号制度——即位逾年改元，终身不易。1979 年日本公布《年号法》，两条：年号由政令规定；限于皇位继承之际改变。不过，法律并不强制国民非使用年号不可。年号的最大用处似在于让人们时时意识着天皇的存在。

据说日本人多数都拥护年号纪年。我于昭和末年东渡，在电视上看见日后当上总理大臣的小渊举起一张白纸，上书“平成”二字。可是，用惯了公元，总记不住今年是平成多少年。昭和的天皇病逝于 1989 年 1 月 7 日，那一年既是昭和六十四年，又是平成元年。此年号出自《史记》的“内平外成”和《书经》的“地平天成”，取义为“达成平和”。但平成改元以来，日本颇多事，好像人心也渐渐不平和了。

说到年号，一些日本学者沾沾自喜的是日本没有像中国周边国家那样采用中国年号，而是自作主张，有独自的年号。1949 年以后中国大陆废止了年号，使用两千多年，不知日本能否打破此纪录。

日之丸·君之代

最近，日本广岛县一所高中的校长自杀，原因据说是翌日要举行毕业典礼，县教育委员会有令，必须升国旗、唱国歌，可是教职员工会坚决反对，他左右为难，只好一死了之。国民应该爱国旗，当然日本也不例外，问题是出在“日之丸”与“君之代”妾身未分明，作为国旗国歌并没有法律依据，不过是行之多年的惯习而已。有人说这也表现了日本人为人处世的暧昧，但事关历史与政治，恐怕就不是暧昧二字能轻轻带过的了。

太阳旗，日语写作“日之丸”，是“日之丸之旗”之略，也叫作“日章旗”。原意是太阳状，红而圆。关于太阳，各民族都有些神话和信仰，日本尤甚，现今仍有元日拜日出的习俗。战国时代即常见绘有太阳的军旗，丰臣秀吉出兵朝鲜也使用太阳旗。江户时代，给幕府运送贡米的船帆上描绘一轮大大的“日之丸”。1853年江户幕府被彼理率领的美国舰队打开了国门，允许造大船，用“日之丸”作船标，以示国籍。1860年出使美国的使节船第一次挂起“日之丸”。1870年明治政府颁布邮船商船规则，定日本船舶的国旗为白地“日之丸”，此后又相继定为陆军和海军的军旗。1931年政府曾提出《大日本帝国国旗法案》，但没有通过。“日之丸”的尺寸，习惯上使用1870年制定的比例，长宽三比二，当中的红太阳直径为宽度的五分之一。1964年东京奥运会上使用的红太阳增大为宽度的三分之二，后来参加奥运会就一直用这么大个儿的。

“君之代”本来是一首民歌，收在《古今和歌集》里。1869年萨摩藩派出二三十人到横滨跟英国军乐队学习，但日本没有国歌什么的可供练习，萨摩藩炮兵队长大山岩建议用他爱诵的古歌《君之代》。英军乐队长J. W. 芬顿给谱了曲；他不通日语，可能谱得不贴切。海军省又委托宫中作曲，以雇用教师F. 埃克特（德国人）为首进行审查，决定采用林广守谱写的曲子，并加以整理。1880年11月3日天皇生日第一次正式演奏，转年编入《小学唱歌集初编》，但歌词不同。1883年定为小学校“祝日大祭日唱歌”。

对于“日之丸”、“君之代”，日本议论了半个多世纪，

1989年文部省修订学习指导要领，把入学式、毕业式升旗唱歌义务化，违反者予以处分。随着教职员等的反对运动日趋衰微，学校实施率逐年提高。据调查统计，1998年公立学校百分之九十八以上升国旗，百分之八十以上唱国歌。“君之代”歌颂天皇，牵涉天皇制问题，相比之下，接受“日之丸”的人多一些。遭受过原子弹爆炸的广岛县唱歌比率非常低，仅为百分之十八点六。足球名将中田英寿闭口不唱，曾惹起风波。长野冬季奥运会上，每当升旗唱歌之际，英语广播为“国旗、国歌”，日语则译作“队旗、队歌”。但可以说，正是奥运会、世界杯足球赛等体育活动使人们特别是年轻人大大亲近了所谓的国旗国歌。

既然“日之丸”当国旗升着，“君之代”当国歌唱着，自民党政府也就不想搞什么法制化，以免节外生枝。倒是一向反对“日之丸”、“君之代”的共产党认识到多数人从感情上认同，审时度势，提出法制化。他们以德国、意大利战后并没有改变国旗为例，表示也可以少数服从多数，只是要履行一下民主的手续。借校长自杀事件，政府决定使“日之丸”、“君之代”在法律上立住脚，这又为共产党始料所不及。总之，眼下很有点大势所趋的气氛了。

我一直把太阳旗认作日本的国旗。最初是在电影上认识的，挂在鬼子兵的刺刀下，烧杀抢掠，最终被游击队或八路军踏在脚下。记得漫画家华君武创作的蒋介石形象，太阳穴上贴了一块膏药，那膏药就是一面太阳旗。中国老百姓叫它膏药旗。听说“君之代”的旋律是经过朝鲜半岛传入日本的中国雅乐，很不好唱，冲绳人尤其唱不来。

追记：1999 年 3 月 18 日颁布并实施《国旗及国歌法》，国旗为日章旗，国歌为《君之代》。

旧历

黄遵宪《日本杂事诗》中有这样一首："羲和有国在空桑，手握灵枢八极张。今世日官翻失御，如何数典祖先忘。"

出于外交及通商的需要，日本政府于百余年前的明治五年（1873）十一月九日颁诏，破除旧习，改行阳历。当年的十二月三日定为明治六年一月一日，从此虽然依旧用年号纪年，但月日与阳历相同。还有一说：明治六年是闰年，有十三个月，改为阳历政府就可以少发一个月的薪水。而且明治五年十二月只有两天，抹去零头，又少发一个月薪水。那时候日本可是穷得很。

阳历纪年以耶稣基督的圣诞为始，于今两千年。儒道释三教之祖孔子、老子、释迦都生于基督以前，大可倚老卖老。法轮功宣称千年大劫，却是按基督纪元统算，岂不气死佛祖。

正是：百载愧杀三教祖，法轮也转小耶天。开元共饮屠苏酒，莫管阴阳且贺年。

日本的年节大半从中国进口，多数在平安时代已定型。起先只限于宫廷和贵族，后来逐渐普及到老百姓当中，形成民俗惯例。不过，中国自古有破字当头的根性，慨而慷地天翻地覆，长在红旗下的一代对传统的宗教风俗就不大了然，看见日本的“年中行事”每大惊小怪。我来到日本头一回喝屠苏酒，这本来是唐代医学家孙思邈除夕用小袋子装了几种草药吊在水井里，元旦取出来浸酒，喝了有祛病之效。后来人们都跟着学，能平安一岁。孙思邈居住的茅屋叫屠苏庵，于是就叫它“屠苏酒”。大概日本在9世纪初学来这个习俗，元旦阖家共饮屠苏酒，也劝来客喝，驱邪延寿。而保持至今，虽然也趋于式微，却令人不得不另眼看他们的“万世一系”。

日本改行阳历，年节也都挪到阳历来过，不像中国那样自民国以来过两种日子，公家的事过阳历，民间的事过阴历。眼看就要到七月，正月和七月的节日最多彩。阳历七月七，正值梅子黄时雨，让牛郎和织女阴着天相会，恐怕乞不来巧，不过是取巧罢了。相传日本在755年7月7日最初举行乞巧奠，那时候不单女子乞巧，而且文人吟诗，力士相扑。仙台七夕祭是日本最大的七夕活动，已有数百年历史，但如今不是7月7日，而是8月6日至8日举行。

七月是鬼月，从初一到月底地狱的大门敞开着，鬼魂都跑到世间游荡。七月十五的盂兰盆会就是要慰藉那些孤魂野鬼。盂兰盆是梵语的译音，意思是救倒悬，日本只叫它“盆”，更容易误解为“备百味饮食”的锅碗瓢盆。659 年齐明天皇敕令全国上下举行盂兰盆会。鬼月不宜结婚、旅行、搬家，人们齐齐地回乡祭祖，旅行社就趁机大涨票价，倒真是杜门不出为宜。田舍现在也多是按旧历过盂兰盆会，还要跳“盆踊”。德岛市的“盆踊”阿波踊尤其出名，钲玎珰，笛咿呀，一路跳过去，但不是把死鬼送回阴间，而是招徕十方游客。

万岁

如今，除了被帝王将相占领的电视连续剧，好像满中国都听不见万岁的呼声了。想来可笑，我这代人几乎是喊着万岁长大的。到了文化大革命年代，天天声嘶力竭地喊，真所谓三人成虎，假话说上百遍就变成事实，喊得人人相信，以至被敬祝的他老人家溘逝，遽闻竟有些茫然，不是万岁乃至万万岁么？

日本人喜欢三呼万岁。

1889 年 2 月 11 日是纪元节，明治天皇这一天要颁布《大日本帝国宪法》，并且在代代木练兵场（今国立代代木体育场）举行阅兵式。届时帝国大学等文部省直辖学校的师生员工列队皇宫外苑致敬，只默默观望未免煞风景，于是文部省提出三呼“奉贺”。把学生集合在操场上练习，喊一声还可以，但连呼三声，首尾相接很容易听成骂人话（“贺”的尾音与“奉”构成

“阿呆”)。兹事体大，教授们开会研讨，最后选中“万岁、万岁、万万岁”，正好与外国的 Long Live the Emperor 是一样的意思。“万岁”一词早在倭王武时代从中国传入日本（武大王即日本史书中记载的雄略天皇，478 年向南朝宋遣使进贡，埼玉县稻荷山古墓出土的铁剑就是那个时代的），有两种读法，汉音读若“邦贼”，吴音读若“蛮诈”。试着喊了几声，听来都不大顺耳。一位叫外山正一的博士建议将二音合成，读作“邦诈”，果然就恰到好处。不过，当时可急坏了宫中省的弼马瘟：圣驾出行，向来是各色人等肃静，这下子声震天地，别惊了御马。

是否惊了御马，不得而知，但从此以后，送兵出征，凯旋归来，比赛夺冠等，都这样三呼万岁，大概是表示吾皇圣明。本来战国时代（15 世纪中叶至 16 世纪中叶）欢呼胜利是“诶、诶、嗷——”中国发生五四运动的 1919 年，3 月 1 日朝鲜民众高呼独立万岁，示威游行，这一反日运动也称作“万岁事件”。“大东亚战争”以失败告终，一夜之间“天皇陛下万岁”变成了“民主主义万岁”。看电视上播报政治家竞选的得票结果，颇有点严肃，但一旦当选，举手欢呼万岁，那场面顿时就显得滑稽，像一出闹剧。

和日本友人饮酒作乐，兴起也万岁万岁地叫喊三两声，却似乎还会搅起心底的淤泥，感觉有点怪怪的。问二十来岁的中国年轻人，他对万岁的事莫名其妙，还告诫我：您老可别在天安门前喊，没准儿给当成精神病。

家徽

美国人撰写的《菊与刀》，好像也有译之为“菊与剑”的。但是就日本来说，只能译作刀，因为照我们看来，那是单刃的刀，不是双刃的剑。日本所谓剑，是刀剑的总称，也是刀的美称，所以，分明在那里要大刀，却叫作剑道。无论工艺精湛到什么份儿上，评价刀的好坏根本还是在锋利，而这锋利是对于人体而言。刀是武士的灵魂，刀不用来杀人就丢了魂儿。

《菊与刀》的“菊”，书中所指，乃盆栽菊花，而且用细铁丝造型，看似天然，实是人工。有的中译本封面画一个圆形的菊花瓣图案，那是天皇家的徽章，与书名的菊花不相及，无限接近风马牛。此书当初是提供给美国政府的内参，后来为出版而补写第一章，提起日本民族二重性，菊花的说法与

第十二章不大一样，却也无关乎皇家徽章。

据说，除了欧洲贵族社会之外，世界上只有日本自古用家徽，而且比欧洲更普遍，及于平民，这很教一些日本人如论客渡部升一沾沾自喜，傲然四顾。不过，虽然都作为战场上识别敌我的标记，但西欧最初是画在盾牌上，从起源来说与日本是两码事。徽章在欧洲是个人的标识，而日本是家族、家世的记号，所以叫“家纹”，译作家徽似便于理解。

家徽起源于 11 世纪前半，那时大臣们上朝乘坐私家车——牛车，都涂成流行色——黑色，四方辐辏，黑压压一片难辨认，有人在车上画一个记号。在重视门阀的年代，谁干出这种事也不足为奇。子孙们敬祖守成，延续下来固定为家族的徽记，也借以炫耀门第。12 世纪后半，源、平两家争霸，源氏兵马用白旗，平氏兵马用红旗，可见那时候武家在战场上尚未用徽章。源氏胜利，白旗漫卷，就需要进一步区别，旗幡便画上头领的符号。这种家徽与贵族传统并没有直接关系。贵族凡事讲究雅，家徽是装饰，繁复而精细，而武家的家徽要标举，在战场上一目了然，注重实用。群雄割据，各有各的家徽，记住了才能识别，于是有《见闻诸家纹》刊行，集录了二百六十种家徽。德川家康独霸了天下，刀枪入库，马放南山，武士不再有用武之地，闲着也是闲着，便弄出烦琐的礼仪，更重视家徽。我们看日本历史影视剧，武士穿一种礼服，叫“肩衣”，斗鸡支棱着翅膀似的，前襟后背印有小小的图案，那就是家徽。中国没产生家徽，或许是因为汉字本来就具有图案性，你看，远处烟尘滚滚，冲过来一彪人马，旗上大书一个“李”字，但刘项原来不读书，士卒都认得吗？

黄遵宪在《日本杂事诗》中写道：“当王徽号贵黄华，时唤臣僚共斗华。淡极秋容翻富贵，疏篱茅舍到官家。”

日本不像西欧那样家徽由国王认可，官家登记在案，也不像姓氏那样受限制，任谁都可以画一个乃至几个家徽。随着商品经济发达，有钱的商人市人也自制家徽，更加花哨。近代家徽发展为产品标牌以及各种标记，例如日本航空公司的那个翅膀向上合为圆形的鹤。日本每个县市都有自己的徽章，反倒是国家至今也没有国徽。二次大战后家徽随着和服退出了日常生活，但墓碑多刻有家徽，有一种《日本家纹总鉴》拓集二万种。

家徽基本是单色白地，多构成圆形的对称。图案大都取自植物，不像欧洲那么爱用可怕的动物，也不用鱼类。桐最多，虽然是日本的白桐，但缘起想来是中国的传说梧桐栖凤凰。13 世纪初的太上皇后鸟羽多才多艺，甚至亲自去捕盗捉贼，他喜爱菊花，采用了菊花图案，但皇权衰微，药铺也敢拿它做招牌。1869 年明治政府把十六瓣的菊花图案正式规定为皇家的徽章（天皇家天下，不叫作家徽），其他人家不得使用。亲王家用十五瓣、十四瓣的菊花，倘若十六瓣，必须用菊花的背面。

皇家的菊花图案如日光四射，通常被当作国徽用，不允许商标类似。倘若再说几句有关菊花的话，那么，它本没有野种，大概是陶渊明时代的中国人培育的。唐代日本人把菊花当药草拿来，到了江户时代加以改良，花样繁多，反过来输入中国，像很多事物一样，本来是中国创造的东西却没了本来的模样。他们平日也食用，还用来搭配生鱼片“刺身”，在昏暗的酒馆里很出彩。五十日元硬币的正面雕印了三朵菊花。正是：

菊花如币画宫墙，辐辏瀛洲十六方。

本是杂交东土种，刺身一朵更娇黄。

单一民族是怎样炼成的

日谚有云：猴子也会从树上掉下来。所以，人有时说走嘴，不足为怪。政治家说了不该说的话，日本叫“失言”，却不同于猴子失手，可能故意那么说，或者不小心说出心里话。最近的例子，有一个自民党议员，叫中山成杉，入阁当国土交通部的部长，好像可逮着机会，接二连三放厥词，结果大臣的沙发还没有坐热，第四天就挂冠走人。他“失言”之一：日本是单一民族。

日本有好些说法教我们中国人纳闷，这个单一民族说也是其一。我们想，不是北海道还有一个少数民族阿伊努吗？冲绳，就是早先叫琉球的，那里很爱吃猪肉（只是不吃它的哼哼声和脚趾甲），不是也跟其他岛上的日本人大不一样吗？民族怎么就单一了呢？

所谓单一民族及单一国家，历史学家网野善彦曾这样描述：从绳文时代就生活在日本列岛，和周围民族在形态与实质上皆不相同的“原日本人”是日本人的祖先。弥生时代以稻作为中心的文化、生活体系被这些人广为接受，以此为基础形成了国号“日本”、以天皇为顶点的国家。这个日本国虽然有种种变化却延续下来，作为国家成员的日本人——“日本民族”未遭受过周围各民族的决定性侵略、征服，发展了独自的历史，以至于今。

高中教科书基本是这么写的，网野也曾这么教学生，但上世纪80年代他省悟了这种“常识性日本史模样”不过是基于偏见的“虚像”。那么，单一民族的“虚像”，或者称之为“神话”，产生于何时，怎样产生的呢？网野未当作问题深究。起初小熊英二也理所当然地认定，单一民族神话是国家意识形态、天皇制的重要支柱，应该在明治初年即初具原型，殖民地统治和十五年战争更使之强化。或许日本政治思想史家神岛二郎1982年说的话启发了他，是这么说的：“在战前的日本，谁都说大和民族是杂种民族、混合民族。就是在最提倡日本主义的时候也这样认为。可是到了战后，居然古怪得很，进步文化人带头嚷嚷起了日本是单一民族。”小熊便做了一番历史学调查，加以社会学分析，洋洋洒洒写成一部书，叫《单一民族神话的起源》，把日本人这个自画像的来龙去脉缕述得清清楚楚。

关于日本民族的起源，19 世纪末叶产生了民族混合说（土著、天神子孙、后来从大陆渡海而来的人）和单一民族说（太古以来列岛只有“日本人”，虾夷不是异族，而是不服从天皇的叛徒总称），此后的论说从未超出这两个基本框架，只是每当日本的国际地位发生变化就摇来摆去而已。战前，日本霸占中国台湾，吞并朝鲜，鼓吹的是与朝鲜半岛同祖，天皇身上流着朝鲜人的血。在中国也开办同文书院，以尽同文同种之义务，极力张扬大日本帝国不是单一民族的国家，日本是诸民族混血、融合而成的，国定教科书上也明记，总人口的三成不属于大和民族。但战争失败，丧失了朝鲜、台湾，四下里一看好像战后列岛只剩下“日本人”，如日本史学家津田左右吉，1946 年便提出“日本国家由可以叫日本民族的一个民族构成，不是多民族混合而成的”，历史学家井上清 1957 年宣说“同一的日本人种两千年来共同生活在同一地域”，到了 1960 年代终于形成了单一民族观大合唱。影响所致，华裔小说家陈舜臣本来写随笔强调日本与中国并不是同文同种，后来也自觉偏颇。政治家拿来“失言”，大概总理中曾根康弘是头一个，1986 年说日本是单一民族，从此好像就成了政治家抒发情怀的惯用语之一。

举国上下信奉单一民族神话，却也一分为二。三岛由纪夫可代表保守的单一民族论，说“由于战败，被压缩在现有领土上的日本国内几乎没有异族问题”，要复活“作为文化概念的天皇”。相对，批判日本的人也总是从单一民族论挖掘问题的根源，如中根千枝认为“日本列岛被绝大多数的同一民族所占据，共有基本文化”，“在一切方面有乡巴佬倾向”，“没有国际性这一点很严重”。其实，许多人谈论日本民族的历史，不过是在讲自己的世界观或潜在意识的投影。

石原慎太郎最体现日本人见风使舵的秉性，1968 年高谈“大体可说是单一民族的国民说的是跟其他国家完全不通的单一的国语，长年形成了完全独自的文化，这是绝无仅有的”，1994 年却阔论“有一种日本是独特的单一民族国家的说法，完全是扯淡”，“日本人是全亚洲系统的混交民族”。原来境未迁而时过，日本经济跃居世界第二位，国际形势发生了变化，而且出生率下降，人口减少，要大大地开放门户，招进劳动力，自 1970 年代后半日本人重新为自己画像。例如哲学家梅原猛探求民族起源，1979 年开诚布公：“我最近放弃了日本民族是单一民族的观点”，“日本文化的根底有一种把不同人种的人同一化的非常了不得的本事”。然而，混合民族也好，混血民族也好，只是又一个神话。如小熊英二所言，要和不同的人共存，不需要神话，需要的是一点点强大和睿智。

小熊生于1962年，东京大学农学系毕业，在岩波书店当了六年编辑，重回东京大学“读博”，专攻国际社会学。现为庆应大学助教授，研究课题是战后日本的民族主义。网上有照片，抱着个吉他，自道进出版社以后才开始读书。他主张，今后日本必须走多民族国家之路。

马·洋马·骑马民族

记得小时候唱过一个歌谣，“骑洋马，挎洋刀”云云；马是日本马，刀是日本刀。最近看电影《鬼子来了》，导演兼主演的姜文玩幽默，狠狠把中华民族给黑了一下，银幕上洋马也别有一种安逸，日本兵骑在上面，挎一把洋刀。影片结尾是姜文的脑袋被洋刀砍了下来，看上去就像时兴的激光扎耳眼一般无痛。

小时候只是在电影中见识过大洋马，后来就到了徒伤悲的年龄，有时也读读《三国志》什么的，才知道日本列岛上早先并没有马。难怪日本人比中国人更爱读三国，原来吕布驰骋赤兔马、曹操感叹老骥伏枥的年月，他们的先人还不曾见识马。不过，就今天来说，日本各地有关马的祭祀活动那么多，倒显得中国人跟马没多少关系了。

原始马只有狐狸大小，后来进化，脊背拉长了，而且跑起来不像猫狗那样弓，正好给人当坐骑。马的切齿和第一臼齿之间有豁口，大约公元前一千多年，比弼马瘟聪明的人类发明衔，横亘在那里，于是，前有衔辔，后有鞭策，一日而致千里。马是什么时候被带进日本的，尚不得知。史书上记载，雄略天皇七年（463）从朝鲜半岛渡来的人当中有制陶的、织锦的、绘画的、通译的，还有一些做马鞍的。传说多于史实的圣德太子（574—622）给日本定下“和为贵”的国训，他是在马厩前面呱呱坠地的，所以叫厩户，想来那时“日出处”总该骑上马。过了一千多年，日本打败中国北洋舰队，耀武扬威地踏上大陆，这才发现胯下的马比大清差远了。第二年，1896年，明治政府赶紧在各地设立种马场，改良日本马。20世纪初和俄国打仗，再次体认日本马差劲，内阁又成立马政局，不许日本马雌雄交配，一律用进口的英国纯种马、阿拉伯马配种。十多年过去，日本马体躯高大起来，脱亚入了欧。太平洋战争大败时日本还有马百万，现而今不过几万匹，大多数用于赛马，剩下的吃肉。生马肉鲜红，切片造型，艳若樱花，似乎比生鱼还味美。称之为“马刺”，却不免吓中国人一跳。

日本人说道历史，言必称“记纪”，即《古事记》和《日本书纪》，是史书的古老之最，但也不过才古到8世纪初，中国《史记》已行世八九百年。“日没处”替他们记录了8世纪以前的历史，可不知为什么，266年邪马台国向西晋朝贡，

421年倭王瓒向南朝宋遣使，其间一百五十年，没给人家记，结果日本史上就留下“四世纪之谜”。

陈寿在《三国志·魏志》中详细记载了3世纪倭地（日本列岛）的风土习俗，比之于中国海南岛。倭人黥面文身以为饰，男人用一块大布裹体，女人把布当中开一个洞，钻出头来，叫作贯头衣。5世纪前半中国人画的《职贡图》中倭国使者就是穿这类衣服，确实是东南亚式。但“记纪”所记述的大和文化却迥然有异，属于东北亚骑马民族系统。掘地考古，出土的陶俑穿的是便于骑射的胡服，仿佛高句丽古坟壁画上所见，而且5、6世纪的古坟里随葬的马具和武器也蓦地多起来。就是说，在一个多世纪的岁月里发生了文化转型，全盘“北”化，其原因何在？1948年考古学家江上波夫一鸣惊人，说那时候骑马民族入侵日本，建立了国家。战败之初，百废待兴，凡事都易于标新立异，但此说还是新异得震荡日本，至今犹时有余震。

所谓骑马民族，我们中国人会想到匈奴，想到成吉思汗、努尔哈赤，古时候叫作胡，筑长城万里就是要挡住他们。江上所说的骑马民族，意思很空泛，基本指游牧在中国东北部的人群，特别是风俗与匈奴相似的夫余族。2世纪或3世纪，一拨夫余人纵马南下，在朝鲜半岛南端的任那立足称王。3世纪末或4世纪初，任那王挥鞭渡海，占领了日本北九州。这个任那王就是崇神天皇。按“记纪”的说法，崇神天皇是第十代天皇，名字叫“御间城入彦”，从读音上联想，江上说“御间”即“任那”，意思是住在任那城的天皇。4世纪末至5世纪初，崇神天皇的子孙应神天皇（第十五代天皇）从北九州东征，在近畿建立了大和王朝。

江上把开国神话也拉来作注脚，使学说更具有故事性，引人入胜。日本多神，而且是双层构造，一层是天神，住在高天原，其中天照大神即太阳女神是主神；另一层是土著的国神，比天神低一等。天照大神亦爱怜其孙，让琼琼杵尊去统治地上。属于国神的大国主命只好退隐，让出自己辛苦建造的国土，于是，天孙拿着天照大神之灵的代用品——镜子，带领五位天神，降临宫崎和鹿儿岛县界上的高千穗峰；从天上看，峰巅凹下去一个巨大的火山口。江上说，天孙就是骑马入主的崇神天皇，他们把远在天边的故乡美化为高天原。

江上波夫著书甚丰，我只翻阅了《骑马民族国家》《学问·梦·骑马民族》以及他与批驳他的佐原真的对谈《骑马民族来了?! 没来?!》，兴之所至，取一瓢饮罢了。1990年刊行这个对谈集时出版社做过问卷调查，有百分之四十的读者相信江上说，而同意佐原所主张的“骑马民族没来过”的，还不到百分之二十。骑马民族征服日本的说法很有点“夜阑卧听风吹雨，铁马冰河入梦来”的趣味，但专家者流大都持否定态度，因为文献上连一点影儿都没有。

万世一系的尴尬

天皇家的二儿媳妇怀了第三胎，这教总理大臣小泉有一点尴尬。

人有能生的，有不能生的。天皇家老二夫妇生了两个，当皇太子的老大夫妇才好不容易生出一个，全都是女孩儿，这就给皇统接班人生出大问题。因为皇室有皇室的规矩，皇位只能由属于皇统男系的男子来继承。天下鼎沸，毕竟时代不同了，男女都一样的舆论占上风，以改革为己任的小泉就下手改皇室家规，女性可以当天皇，也可以按女系传位。本打算下台之前拿到国会上通过，又改革一桩，留名青史，却不早不晚传来二媳妇有喜的消息。眼下还男女莫测，但风云突变，小泉也只好收起议案，说本人对这等事并不固执。似乎上自天皇，下至臣民，对皇太子再生个一男半女都近乎绝望，按部就班，继他之位的应该是弟弟，如果这弟弟有男儿，皇位就由他的子孙往下传。现在眼巴巴看着二儿媳的肚子，若是男孩儿，呱呱坠地，问题就可以留给后世去解决了。

凡事改革，必有人大呼小叫，谁动了我的奶酪。日前东京举行了万人集会，挥拳喊口号，反对女性、女系天皇。有朝一日皇太子即位，若是把皇位传给长女，她和皇族以外的人士通婚，不论生男生女，再继承皇位，那就是女系天皇，神器将移到外家，传给异姓，断绝了男系皇统。现今世界上还有二十多个君主国，唯其日本，虽然细处不好说，但大体上一姓相承，延续千余年，所谓“万世一系”，就这么毁于一旦，从文物保护来说也未免可惜。

天皇家始祖是天照大神，或因其为女性，而且未婚，所以“万世”不是从她算起，第一代是《日本书纪》（日本第一部正史，成书于720年）记载的神武天皇，传说公元前660年始驭天下，迄今已传了一百二十五代。中间也出过八位女皇（有两位还先后两度登极），但她们本身是男系皇统的女子，也不曾下嫁生育，把皇位传给外人。日本之所以有这种独一无二的历史现象，与王权旁落有关，类似我国的东周，诸侯争霸，历经五百年王权才最终被秦取而代之。日本自12世纪末，直至1867年王政复古，六七百年间天皇虚拥其位，国柄完全由幕府把持。似乎将军们都是以东临碣石有遗篇的曹操为楷模，挟天子以令诸侯，奉主上以从民望，实权在握，也就没必要僭号。陈寿《三国志》记载，倭国女王卑弥呼专门搞祭祀，国家由弟弟治理，看来当王不管事是自古以来的传统。诸侯联手，以尊王为名打垮了独霸天下的江户幕府，明治天皇被抬出来治国。新政府执政，既复古又维新，炮制宪法，第一次明文规定大日本帝国由万世一系的天皇统治，还给皇家制定了一套“祖宗家法”，叫《皇室典范》。

万世一系出问题，并非始于今日，过去有解决办法，那就是三宫六院。皇后不生育，明治天皇娶六位嫔妃，生下十五个男女，长大成人了五个。大正天皇的皇后生了四个皇子，可能在皇家史上空前绝后。昭和天皇成婚，一连生了四个皇女，这下子皇帝不急太监急，进言纳妾，但天皇对后宫厉行改革，坚持一夫一妻制。隔年再生，就生出了皇子，即当今皇上（年号平成，不妨就叫他平成天皇），解决了历史难题，臣民挥动小旗喊万岁，股市上扬。平成天皇生有二子，此后四十年来皇家再未降生过男儿。天皇家里有难处，居庙堂之高或者处江湖之远都想给出出主意，民主之花盛开。

万世一系对日本人观念和习性的影响非常大，造成了一个历史定势，形成了一种民族心态。他们善于保持传统，根源正是在这里。万世一系，“林家铺子”才能一开几百年，不会被异姓革命。倘若鸟皇帝人人做得，改朝换代，自不免破字当头，火烧阿房宫，新朝不用旧朝人。说来我们是最不吝惜传统的，例如穿衣戴帽，韩国总统在电视上拜年，穿的是民族服装，试想我国领导人上电视，不穿现行的胡服（西装），一身毛式服装或者演戏似的唐装，恐怕就会被短信传为笑料。

笑传统是我们的脾气。传统的端午节快到了（日本按阳历过），我们是纪念诗人，被日本人改造成“尚武”（菖蒲的谐音），是男童的祭日，有男孩子的人家就挂起长口袋状的“鲤帜”，里面灌满风，好像鲤鱼在空中奋力跳龙门。本来是武家和庶民的习俗，那就祝皇家大院也高高飘扬鲤鱼帜，与民同乐。

从《古事记》到《女神记》

经济全球化，出版也不能置身其外，譬如“新编世界神话”计划，由一位英国出版人于2005年发起，三十二个国家的三十四家出版社联手行动，约本国代表性作家重述古老神话，在全世界出版各种语版。拿神话编新故事，鲁迅的《故事新编》也堪为先例。从神话或民间故事取材更是日本作家常用的手法，例如大江健三郎，很爱写故乡森林的传说。诚如发起人所言，“神话是一切故事的源头”，但何谓神话，似乎该计划并没有界定。女娲补天是神话，孟姜女哭倒长城应属于民间故事，这民间二字往往便暗含反抗非民间即统治阶级的意味。神话具有功用性，应邀执笔的作家们着眼于此，认为单靠理性与科学不能解决现代社会的所有问题，如何面对困难，可以获启于神话。被重述一新，实质上不再是古来流传的神话。

“新编世界神话”的日本“选手”是女作家桐野夏生。她说：“想象力培育爱，创造新神话在这一意义上是有益的，神话就是人想象力结晶故事之母。”

桐野的神话取自日本现存第一部史书《古事记》。

7世纪后半，大海人皇子平息了壬申之乱，登基为天武天皇。他认为传承的帝纪、旧辞虚伪不实，便“削伪定实”，令“为人聪明，度目诵口，拂耳勒心”的稗田阿礼诵习。过了三十多年，元明女帝诏太安万侣（1979年在奈良出土了他的墓志）用文字撰录阿礼所诵，于712年编成《古事记》三卷。是年，大海彼岸的中国，李隆基即位，开大唐盛世。八年后，拿中国编年体史书作样本，用正规的汉文撰修《日本书纪》三十卷，以此为正史，而《古事记》要待到江户时代，探究儒学佛教传来以前的日本固有文化及精神的国学勃兴才得到青睐。

《古事记》满纸汉字，但有的用其义，有的取其音，表记日本语，即所谓变体汉文，极为难解。书中第一位天皇叫“神倭伊波礼毗古”，《日本书纪》写作“神日本盘余彦”——盘余可能是都城，彦（读若日子）是男子的美称。奈良时代贵族们觉得这么一长串名字不好看，命一个叫淡海三船（天智天皇五世孙）的学者照中国改，给古代天皇都取了两个字的美名，这位就称作神武天皇。

神武天皇之前为神代，也就是神话时代，之后为人代。《日本书纪》记载神武天皇于公元前660年2月11日践祚，明治初年定此日为纪元节，战败后废除，1966年恢复，改称建国纪念日。《古事记》神话不含有史实，也不是民众的神话，天孙降临、神武东征之类的建国神话其实是后世有意编造的，以证明天皇统治日本的正当性。日本神话也因之有一大特色，那就是完整，首尾俱全，不像中国神话散见于典籍，东鳞西爪。

神祇八百万，天地初始时最先出现的元始之神是“天之御中主”，它是独神，不具有性。神世七代，最后出现“伊耶那岐”和“伊耶那美”，这二神成形，一个有一处多出来，一个有一处没合上，也就是一男一女，为性交之始。有人说“伊耶那”的意思源于引诱，女神伊耶那美先引诱，生下残障儿，改为男神伊耶那岐先引诱，生下一块块国土“大八岛”（日本列岛），以及山川草木等自然之神。伊耶那美生火神时被烧伤，命赴黄泉，伊耶那岐要把她领回来。伊耶那美已吃了黄泉国的食物，尝试复生，告诫伊耶那岐“请勿视吾”。伊耶那岐忍不住偷看——所以，偷窥始于神——但见一具生蛆的尸体，吓得逃离。恼羞成怒的伊耶那美派众雷神追赶。在阴间与阳世的境界“黄泉比良阪”，伊耶那岐摘下三个桃子，击退了追兵。伊耶那美亲自追来，伊耶那岐用巨石阻断黄泉比良阪，夫妇绝缘。伊耶那美说：我每天绞杀你国中一千人。

伊耶那岐说：那我就每天生产一千五百人。

这神话让我们不由得联想魏晋志怪小说，那些超然往来于生死时空的故事。例如相信“神道之不诬”的《搜神记》，讲一个叫谈生的汉朝读书人，中年未娶，竟然有美少女自动上门，但他不听话，夜半举烛，照见娇妻下半身原来是枯骨，从此生死两隔，有如黄泉比良阪被巨岩隔断。《古事记》指明黄泉比良阪所在，即“今出云国之伊赋夜阪”，但黄泉本来是中国民间信仰，或许此类故事早在卑弥呼时代就传入日本，演变为大和民族的神话。关于桃子，《日本书纪》明言“此用桃避鬼之缘也”，桃子从中国传来，也随之传来了附着其上的道教思想。

《古事记》基本是记述日本传承，收入很多歌谣，比较有文学色彩，中国影响不明显。《日本书纪》的神话世界却是以来自中国的阴阳思想为基础而建构的，“古天地未剖，阴阳不分”，“乾坤之道，相参而化，所以成此男女”云云。伊耶那岐是阳神，伊耶那美是阴神，相对而相成，所以伊耶那美在《日本书纪》中没有死。桐野夏生的《女神记》重述《古事记》神话，用阴阳说编排故事，神与人并死，死生玄通。主人公波间的家乡是海蛇岛，这小岛在大和国遥远之南，是太阳最早升起的地方。岛上有陈规：生在大巫女家，与巫女隔一代的长女事光明之国，守护岛的白昼，次女事幽冥之国，守护岛的黑夜。岛的黑夜是死人们居住的世界。长女要生女儿，不绝大巫女血统，次女则限于一代，不许跟男性交媾。波间就生在大巫女世家，上有姐姐加美空。受真人诱惑，波间违犯岛规，并随他出逃，在海上生下女儿夜宵。波间被真人扼杀，魂落黄泉国，侍奉伊耶那美。女神告诉她：最初世界分成天和地，然后一切都分成两个，一点点形成世界。天与地，男与女，生与死，昼与夜，明与暗，阳与阴，为什么分成两个呢？因为只一个不够，合二而一才生出新东西。而且，一个的价值靠相反的价值来显现，双方俱在才产生意义。这一套阴阳之说把人世与神界统一起来，波间的意识也藉以升华、完成，不至于游魂般无所着落。

《古事记》神话的魅力也在于众神带有人情味，桐野笔下的伊耶那美就是个完全被怨恨支配的女神，当失去爱情时，她觉得以往的创造也只是徒劳。黄泉国里人神共处，更像是相依为命。死不瞑目的人才来到黄泉国，波间死后也一心要了解真人扼杀她的真正意图，不顾二次死亡，化作黄蜂飞回海蛇岛。得知真人从头到尾利用她，拯救了被诅咒的家庭，并且娶加美空为妻，由爱生恨，奋身螫死他。

波间施加了报复，却尝到另一种空虚。即使杀死了对方，憎恨和愤怒也不会消失。怨恨的感情一旦点燃，就难以熄灭。不过，人的情感终究是多变的，尤其在达到目的之后。真人不仅杀死她，还把本该是阳的亲生女儿顶替为阴的幽冥巫女，并导致加美空投海自杀，对这样的恶灵，波间也几乎要化解怨恨，然而神是某一种感情的化身，不可能改变。上帝不宽恕，人类就永远赎罪。

“波间，你的怨恨消失了吗?”

“不知道，女神的怨恨呢?”

“绝不可能消失。讴歌生之快乐的人不会明白被赶进黄泉国的人的心情。今后也抱怨怀恨，把他们杀光。”

伊耶那美和伊耶那岐是阴阳一对，他们曾共同创造万物，然后分管生死，都成为大神。黄泉污秽地，伊耶那岐生还后用水洗净，修禊事也，从左眼生出天皇家祖神天照大神。洁与秽，界定并隔绝生死，这个阴阳观念是神道的根基，也贯穿《女神记》。小说里的伊耶那岐在世间生产人，感受到神不能死的痛苦，最终用杀死人的方法使自己变成人。神变成人，有了生老病死，才能理解人，才能爱恋人。但作为人的伊耶那岐死在了伊耶那美的面前，阴阳平衡被破坏，今后就只有伊耶那美依旧泼黑水，世上每天死掉一千人。

桐野夏生生于1950年，二十四岁结婚，怀孕时开始写小说，以推理出名，1999年获得直木奖。2008年出版《女神记》，获得第十九届紫式部文学奖（宇治市主办）。想作为小说家轰轰烈烈活，漂漂亮亮死。

阴阳师

近来日本人读书有什么有趣的倾向呢？进书店转一圈，发现平台上堆了好些“阴阳师”。封面大都是人物画，绚丽多彩，那个峨冠博带的人物叫安倍晴明，是平安时代的阴阳师。用现在的话说，他具有“超能力”（特异功能），能看出箱中藏着何物，能预知地震。

人觉得自己比动物聪明，总要给世界一个说法。阴阳，再加上五行，就是中国古代的说法——天下万物，皆由阴阳，或生或成，本其所由之理，不可测量之谓神也。所谓阴阳家，传说是唐尧年间的官职，执掌天文、历谱、术数，到了春秋战国时代则形成学派，是九流（儒、道、阴阳、法、名、墨、纵横、杂、农）之一。用阴阳五行说解释世界，后世视为迷信，但当时的人们就从中获得慰解，效果不亚于现代的种种学说。东汉王充抨击“枯骨死草，何知吉凶”的时候，日本列岛上正盛行卜筮。《三国志》替他们记录在案：“其俗，举事行来，有所云为，辄灼骨而卜，以占吉凶。”或许此类做法是大陆人渡海带来的。据《日本书纪》等史书记载，钦明天皇十四年（553）请求朝鲜半岛的百济派遣医博士、易博士、历博士，并索要卜书、历书。

天武天皇（672—686在位）好天文术数，设置阴阳寮。这是六寮之一，隶属中务省。阴阳寮里有阴阳师、阴阳博士、阴阳生，还有历博士、天文博士、漏刻博士等，掌管天文气象的观测、编历、报时、占候吉凶等。阴阳生十人，由一位阴阳博士当教官，教科书是《周易》《黄帝金匮》《五行大义》等。阴阳师六人，卜筮祸福，密封上奏。平安时代初叶，这套天文历法与阴阳五行说相杂的学问被称作阴阳道。安倍晴明（921—1005）跟贺茂忠行、保宪父子学习阴阳道之中的天文道，后任天文博士。自此，这一职位由他子孙世袭，安倍家（土御门家）压过传承历道的贺茂家，世代主宰阴阳道，直至江户末年。

京城原先在平城京（奈良），桓武天皇被怨灵冤魂纠缠，迁都平安京（京都）。平安京也不平安，怪异迭起，人心惶惶，兴起御灵信仰，为死于非命的人安魂。阴阳师大显身手，驱逐怨灵，降伏魑魅魍魉，而安倍晴明天下无双。花山天皇患头痛，雨季尤其难忍，晴明一看，就知道这位天皇前世积德，转生为天子，但前世的髑髅夹在岩缝里，下雨时岩石膨胀，就挤得生疼。照他说的，天皇差人找到髑髅，挪到宽敞的地方，便霍然病已。

能驱使鬼怪，呼风唤雨，这样的人物自然是敷演故事的永恒题材。传说晴明的母亲是一只狐狸，传给他特异功能，从小看得见百鬼夜行。中国人说“活见鬼”是一种晦气，但若真有这本事，哪一天森首相为“神国”重整阴阳寮，或许就弄个“从七位上”（阴阳师的级别）干干。所谓神国，无非以阴阳道引导国家行事而已。

再说晴明，道满找他斗法，惨败，只好给他当徒弟。晴明奉旨去唐国，拜伯道上人为师。割了三年三个月萱草，帮上人盖了一座文殊堂。归国时上人传给他一部《金乌玉兔集》。在外十年，妻子利花和道满通奸。道满对晴明说：我在梦中得到一部《金乌玉兔集》。晴明说不可能，道满就从怀中掏出来给他看，原来是利花偷偷抄写的。两人争执，道满杀了晴明，和利花终成眷属。文殊堂蓦然焚毁，伯道上人知道晴明出事，赶来日本。从墓中掘出大小骨头，施法术将晴明复活。晴明砍了道满的脑袋，烧了写本。日本有一句谚语：“阴阳师不知道自己的运气”，可能就是说安倍晴明。

晴明墓在京都。再过五年（2005），时逢他死去一千年，各地的晴明神社大祭一定很热闹。据说“阴阳师”热的始作俑者是荒俣宏，他的小说《帝都物语》于 1998 年改编为电影，其中写到阴阳师。真正兴风作浪的是梦枕貘，以安倍晴明为主人公写了一本小说《阴阳师》，漫画家冈野玲子把它画成连环画，所以眼下这两位也大出风头。其实，“安倍晴明”是近年来流行恐怖小说、鬼怪电影的一个浪花，至于说经济不景气时代人们感到茫然云云，不过是媒体的阴阳术罢了。

天满宫

中国人观光日本，大都要惊讶神社之多，或许就吟出两句古诗：南朝四百八十寺，多少楼台烟雨中。日本的地图上，寺庙与神社的标示不一样。据说，神社总计约八万，或雄伟，或破败，或独霸一方，或坐落在小巷深处。一言以蔽之曰神社，里面供的神形形色色，最普遍的是八幡神、稻荷神、天神。八幡神掌管弓矢，是武道之神，有神社四万多。稻荷神掌管五谷，神社三万多。天神是文道之神，掌管学问，享祭天满宫，约一万多座。本来各有所司，但人事日繁而列神之数未见增加，所以，人类分工趋细，神们却捞过界，管得越来越宽：商业昌盛，交通安全，考试合格……不分人种，不分语言，有求必应。

不说稻作、弓矢，单说天神，却是实有其人，即平安时代位居三公的菅原道真。他生于书香世家，年纪轻轻就当上文章博士。若把古今人物集于一堂，试以汉文，道真必大魁天下。官至右大臣，与左大臣藤原时平分庭抗礼，但他终归不过是一介书生，被藤原一党用流言中伤，给贬到太宰府（今福冈太宰府市）。贫病交加，两个幼儿也先后夭亡，苦熬了两年，抑郁而死。从京都伴随他远谪异乡的弟子味酒安行为他送葬，拉灵车的老牛走出城外不远卧倒不动，于是就地埋葬。905 年道真托梦，称天满大自在天神，味酒在墓地建安乐寺奉祭。这就是太宰府天满宫的来历。安乐寺又叫作安乐寺天满宫，由名称可知，本来是神道与佛教混搭。明治维新后，政府下令神佛分离，天满宫才变成地道的神社。

当初太宰府天满宫不过像菅家祠庙，问题出在京都。自道真死后，京都不得安生，天灾频仍，时平等谗害道真的人接二连三地死于非命。道真死后二十年，皇太子死，平安末年的编年体史书《日本纪略》记载："举世云菅师灵魂宿忿所为也"。当时世间正盛行"怨灵信仰"，死得冤屈的灵魂是"怨灵"，作祟降灾，需要为他慰灵安魂。想来菅家培养的门徒有三千之多，朝廷内外，也乘机喊屈叫冤。930 年雷击宫殿，数人毙命，人们传说是道真的"怨灵"化作火雷。942 年道真死去四十年，京都有个叫多治比文子的女人说自己梦见菅公。又过了五年，一个叫神良种的人的七岁儿子也梦见道真说他要住的地方一定长松树。一夜之间，京都的北野长出几千株松树。由北野朝日寺僧侣最珍协助，文子、良种在那里建造神殿，祭祀天满天神。这是北野天满宫的由来。京都地处盆地，自然多雷，其实，与农耕相关，北野自平安时代初叶已经是祭祀雷神的圣地。993 年瘟疫流行，天皇追赠道真为太政大臣，位极人臣，虽然只是个虚名。第一个千年之初，天满宫遍布各地，“山陬海隅，家敬户奉，走卒儿童知尊之”。

道真的“怨灵”简直像凶神恶煞，撒向人间都是“怨”。中国的孔庙里供奉孔夫子，他是圣人，不是神。关公是武夫，死后坐在关帝庙里管事多，好像也温文尔雅。钟馗样子凶，但只是捉鬼吃。“天满宫天神”还有好些称呼，如“大威德天神”、“日本太政威德天”、“火雷天神”，都够吓人的。但到了近世，天神主要作为学问之神尚飨香火。时至今日，考学还得去求他保佑。

从《源氏物语》到西乡隆盛

侨居东京的中国人大概没有没去过上野的，特别在赏樱时节；去过上野，一般就见过“恩赐公园”里竖立的那尊铜像，虽然可能只随口问一声那是谁，还牵条狗？铜像看上去脑袋异常大，顶上常落着一两只鸽子或乌鸦，挂了些它们的发白的屎迹。那就是西乡隆盛。

1877 年，大清国首任驻日公使何如璋上岛，正赶上东京大学建校，又赶上西乡隆盛造反。他在《使东述略》中记述：“寇首西乡隆盛者，萨人也，刚狠好兵。废藩时以勤王功擢陆军大将。台番之役，西乡实主其谋。役罢，议攻高丽，执政抑之。去官归萨，设私学，招致群不逞之徒。今春以减租锄奸为名，倡乱鹿儿岛，九州骚然。日本悉海陆军赴讨，阅八月始平其难。”这位西乡是风云人物，文图并茂的历史书上必有他的图像，头大眼也大，有人说那并不是他本人。兵败，在城山自杀。百姓对专制不满，世间便盛传天上出现“西乡星”，其实是时隔一百五十年火星又接近地球。西乡反政府不反天皇，大概从来没想过鸟皇帝人人做得。死后三年，明治天皇追谥他正三位。

春夏秋冬，阴晴圆缺，徘徊于西乡铜像之下，不由得感慨日本人对其开国元勋兼叛军首领的态度竟如此豁达——记起陈平原在《阅读日本》的随笔里写过“西乡铜像”，是因为读井泽元彦的著书《逆说日本史》，他的“怨灵”之说或可解释这种“豁达”现象。

井泽说：推动日本历史的是怨灵。所谓怨灵，就是在政争中失败而死的幽灵，当然含冤衔恨。最典型的冤魂是菅原道真（854—903）。时当平安初期，道真官居右大臣，遭左大臣藤原时平谗陷，被醍醐天皇贬黜到远离京都的太宰府，贫病交加，死在了那里。他死后，“怨灵”作祟，雷击宫殿，藤原清贯等大臣当场毙命，吓得醍醐天皇退位。天灾频仍，“举世云，菅师灵魂宿忿所为也”（汉文编年体史书《日本纪略》）。当时民间盛行“御灵会”，为“怨灵”安魂。京都有北野，一夜之间长出松树数千株，于是人们在那里建天满宫祭祀，奉道真为天神。“天满”，是“嗔恚之滔满天”的意思。道真死后二十年，皇太子猝死，朝廷赶紧给他平反，追谥正二位。一谥再谥，道真的冤魂当上正一位，位极人臣。为失败者安魂，让他高高兴兴在另一个世界里做鬼，别跑到人世间为害，这种“怨灵信仰”，井泽说“才是使日本文化发达的动力”。

史学界并不否认平安时代冤魂怨灵对历史的影响，而井泽元彦认为始自神话时代，历史的车轮一直由厉鬼们推动着。他用“怨灵信仰”解说一切，虽然更像是推理小说家的操作，却也蛮有趣。他说：《源氏物语》是人类第一部长篇小说，近乎奇迹，为什么偏偏产生在世界文明的边缘地带呢？原来它也是“怨灵信仰”的产物。《源氏物语》问世于平安时代中期，描写平安初期和中期的宫廷及社会。主人公光源氏，据说实有所指，即企图把女婿立为皇太子以夺取藤原氏权威的源氏。在那个时代，重臣都是把女儿或妹子奉献给天皇，当皇亲国戚，操纵国柄。作者紫式部是藤原氏女儿身边的女官，好像和藤原氏还有点男女关系，却居然把政敌源氏写得极尽荣华，甚至当上准太上皇，岂不是利用小说进行反党。更可怪的是藤原氏不但不恼火，反而还提供贵重的纸墨砚台，予以支持。这就是因为他排斥了源氏，大权独揽，朝廷的政争从此往后都是他藤原氏族内的事了。获胜之后，用虚构故事来满足失败者，既是“慰灵（镇魂）”，又是慰藉胜利给自身带来的不安和内疚。日本人接人待物彬彬有礼，爱说些恭维话，莫非也出于“怨灵信仰”的心理?

其实，井泽元彦的“逆说”并不是新说。陈平原在《西乡铜像》一文的附记中就提及:“据柳田国男称，在日本，作为个人而享受祭祀，除了德高望重，还必须是悲剧性死亡。而新政权为与政敌实现某种程度的和解，有必要通过祭祀的方式，安抚失败者的亡灵。”对于敌人，中国人还要再踏上一只脚，教他永世不得翻身。

内战

中国人不大了解日本的历史，误解却不少，例如，认定日本这个国家一贯向外搞侵略，而国内以和为贵，很少发生内战。想一想原因，其一固然是中国人向来不屑于了解，但也不无其他。首先是我们这一代学过的历史都是以阶级斗争为纲，不过是农民起义史话罢了，而日本人未必也非得这样写历史。再者，中国历史是一部改朝换代史，而日本的天皇“万世一系”，不曾把天皇拉下马，我们就觉得好像没有过内战。还可以有第三个原因，即江户闭关锁国三百年，所谓太平盛世，这倒是我们较为知道的，或许就当作了整个日本史。凡此种种，如想要一点解药，我建议翻阅一下这套《日本战争史》，吉川弘文馆刊行，长了点儿，计二十三卷，即便略过了蒙古入侵、日清战争、日俄战争、第一次世界大战、日中战争、太平洋战争各卷，也还有十七卷之多，写的全都是日本历史上发生的内乱、内战，真有点波澜壮阔。

第一场战乱发生在147年至184年，是中国《后汉书》记载的，有云："桓灵间倭国大乱，更相伐，历年无主。"后来"乃共立一女子为王"，她就是卑弥呼（见陈寿《三国志》）。

627年"壬申之乱"是日本古代最大的宫廷内乱。那时候同母兄弟之间传承皇位，但天智天皇学唐朝，搞嫡子继承制，传位给儿子大友皇子，引起皇弟大海人皇子不满。天智天皇崩，已避祸出家的大海人皇子起兵，大友皇子兵败自杀，这位皇叔当上了天武天皇。

所谓"虾夷征讨"，是征服今东北地方不服管的虾夷土人（称之为地主才是），自658年多次出兵，直至9世纪中叶才彻底平定。清末黄遵宪寥寥数语，把这个史实讲得很清楚："日本开国在日向、大隅，自西而东，盖逐虾夷而居之。神武、崇神、武尊、神功皆力征经营，中叶专设征夷大将军以为镇抚。唐时陆奥一道犹尽属虾夷。近三百年聚于奥北一岛，有口虾夷、奥虾夷之称。维新后置北海道，设官开拓，闻其种类只存数千云。"他还写了一首诗："丛云挥剑日挥戈，屡逐虾夷奏凯歌。西讨东征今北伐，古来土著已无多。"难掩义愤，在黄遵宪《日本杂事诗》二百首当中实属难得，堪为佳作第一。丛云，即"天丛云剑"，也叫"草薙剑"，乃天皇传国的三神器之一，日本武尊（倭建命）曾提着它东征。

10世纪前半，一个叫平将门的武将在关东造反，一度自立为“新皇”。1155年近卫天皇崩，崇德上皇与后白河天皇争夺皇位，翌年后白河天皇动用武将源义朝、平清盛打败了崇德上皇。源义朝对天皇行赏不满，犯上作乱，平清盛给天皇换上女装逃出宫禁，最终平定了叛乱。平清盛跻身于公卿之列，武将从此在朝廷上有了发言权。平清盛当上太政大臣（相当于宰相）把持朝政，不可一世。后白河天皇之子以仁王传令各地源氏讨伐平家，被流放伊豆国的源义朝三子源赖朝也就势举兵。赖朝的异母兄弟义经最终剿灭平氏，年仅八岁的安德天皇被祖母抱着投水。1192年源赖朝受封征夷大将军，在镰仓首开幕府，另立中央，君临天下。照我们看来，皇权旁落，此后日本长达七百年都处于非正常状态。

1867年天皇家终于从第十五代德川将军手里拿回大政，却也并非一帆风顺。先有扫荡幕府旧势力的戊辰战争，后有讨伐“建国元勋”西乡隆盛的西南战争。耗费于西南战争的军资四千一百万元，几乎是全国一年的税收；堤内损失堤外补，打败了大清，索要赔款约三亿六千万元。

至于15世纪中叶至16世纪中叶，史称战国时代，战乱百年，为历史小说提供取之不尽的题材，更是不消说的了。日本通常是叫作“合战”，仿佛也避开了“战争”二字的沉重。

日本古典文学有一类军记物语，专门写内战故事，最有名的作品是描述源、平争霸的《平家物语》，开篇写道：“祈园精舍之钟声，有诸行无常之响；沙罗双树之花色，示盛者必衰之理。”而我国《三国志通俗演义》虽然也说“是非成败转头空”，但“话说天下大势，分久必合，合久必分”，就豁达多了，完全是现世的，由此也可以看出中日史观之不同。

镰仓大佛

黄遵宪有诗："倚天铜佛古于树，挂月玉镜寒生苔。对人露立总不语，曾见源平战斗来。"

咏的是镰仓大佛。大概黄遵宪没去过镰仓，"闻之何大臣云"，以为"镰仓八幡宫有铜佛"，不确。大佛在高德院境内，是这座净土宗寺院的本尊阿弥陀如来。也不是"露立"，而是"露坐"，结跏趺坐，弓背垂睑，双手作定印。本来是贴了金的，早已被风雨剥蚀净尽。

"源平战斗"，就是被写成小说《平家物语》的源氏与平家两大氏族之争。平安时代由贵族文人当政，到了12世纪中叶，源义朝与平清盛靠武力取得政治地位，进而平家击败源氏，独揽国柄。义朝之子赖朝生于1147年，十三岁随父上阵，被平清盛打败，险些丧命，在伊豆度过二十年流放岁月。1180

年，后白河上皇（太上皇之略）的三皇子以仁王传来一道密旨，命赖朝讨伐平家。赖朝纠集父辈旧部起兵，但一战而败，退到先祖的故地镰仓。那时三面环山一面临海的镰仓不过是僻壤荒村。赖朝在此设置侍所，把麾下的武士（侍）变成家人。鹤冈八幡宫是源氏的宗庙，如今境内还活着大银杏，树龄越千年，可谓擎天银杏古于佛。（追记：这株银杏树是神奈川县的天然纪念物，2010 年 3 月倒掉了。）

当赖朝经营东国时，源义仲在木曾谷起兵，三年后攻入京城。老猾的后白河法皇（天皇出家则称为法皇）偷偷与赖朝交涉，承认他对东国一带的统治权。赖朝派兄弟义经出兵，打败了义仲。乘源氏同室操戈之机，逃到西海的平家企图反攻，终被义经剿灭。后白河法皇重施离间计，赖朝与义经反目。法皇死后，源赖朝得偿夙愿，1192 年被封为征夷大将军。这就是日本历史上武家政权的肇始，此后历经镰仓、室町、江户三个幕府时代。

源赖朝五十二岁暴卒，一说是坠马而死，但真相不明，成为日本史之谜。他死后，镰仓幕府的实权被外戚北条氏把持。《吾妻镜》，又称《东鉴》，是镰仓幕府编纂的幕府正史，据之，大佛始建于 1238 年。当初是木制，九年后重造，“金铜八丈”（像高十一点二米）。由此可知，大佛生也晚，不“曾见源平战斗来”。

镰仓建大佛，是幕府从宗教方面向王权示威，张扬霸权。日本停止遣唐使以后，政府之间的关系中断了，民间往来却更加活跃，僧侣商人不绝于途。镰仓武士要建构独自的文化，不是从京都移植，而是直接从中国输入。那时中国是宋代。大佛坐姿前倾，双肩厚实，如猫拱背，是典型的宋代风格，也可能就是中国的工匠渡海而来帮助铸造的。本来有佛殿，被大风刮倒，未再重建。风雨佛头无片瓦，所以也呼为露坐的大佛。现在看见的这尊国宝是自 1959 年费时三年维修过的模样。奈良东大寺（华严宗）本尊卢舍那佛，铜铸，落成于 749 年。东大寺一度毁于源平之乱，1203 年重建。奈良大佛高十四点八五米，镰仓大佛毕竟还低他一头。有道是：

幸将木造换铜金，免惹坏劫烧自身。

几见刀弓成霸府，低眸不语坐于今。

织田大屠杀

藤泽周平讨厌织田信长，理由是这样的，他写道：

“在这里说的杀戮，当然不是正规军团之间的战斗。指的是火烧比睿山，杀掉僧俗三四千人；长岛屠杀，把投降的一向教起义男女二万人押进城中用栅栏围起来，无法外逃，统统烧死；还有处置有冈城的人质荒木一族，尤其把侍从、婢女等五百余人关进四栋房屋中烧死的屠杀等。”

藤泽说这话的时候，正当津本阳的小说《人生如梦》畅销，掀起织田热。或许是出身于地方的本色，他讨厌流行，但对此唱反调，却像是打心眼儿里憎恶织田这个嗜杀的大魔头。

织田信长拥立足利义昭为室町幕府第十五代将军，拿他当傀儡，以致反目。足利下令讨伐，各地诸侯起兵，信长一度陷入包围圈。四千比睿山僧兵也抗拒信长。这些僧兵很不是东西，吃肉玩女人，拨弄世事，所以白河法皇觉得天下有三不如意：双六的骰子鸭川水（泛滥成灾），比睿山僧兵恶如鬼。信长大军攻上比睿山，把大大小小的庙宇付之一炬，屠刀连妇女孩子也不放过。到底杀了多少人，史料记载不一，也有说千余人的。

有人曾假设，织田信长若不死，打到北京没问题，中国就不会有我大清，而是有一个统治亚洲的大和朝。幸而像司马辽太郎在小说《窃国物语》中描写的，明智光秀怨恨主子把家臣用完了就弃之如敝屣，率军造反，信长被困本能寺，只好自我了断，我们中国人免去一劫。日本文明的黄粱梦，倘若按中国的历史规则，恐怕版图上就会有一个扶桑省，而今电视上戏说我大和。人生五十年，织田信长卒于1582年，时当明万历十年。

他妄自尊大，不听人言，不信神佛怪力，甚至用石佛砌墙筑城。镇压宗教的行为，自江户时代以来被认为是建构新时代不得已而为之。织田信长的大刀及洋枪结束了宗教横行的中世，所以德富苏峰写《近世日本国民史》就从他起笔。某书评家说：对信长的看法，司马辽太郎与藤泽周平不同，前者以宏大的视野纵观历史，可以容忍信长的“异常”，而后者站在常识的立场上难以接受这种“异常”。我却想，恐怕司马的容忍正是藤泽所不屑，他说：

“纳粹德国对犹太人的大屠杀，柬埔寨对本国人的大屠杀，杀戮者不问时代总是在杀戮。而且，信长也罢，希特勒或者波尔波特政府也罢，最可恶的是被认为有支持杀害弱者行为的思想或者使命感。”

藤泽周平是谁？武士小说（日本叫“时代小说”）家，其作品改编成电影《黄昏清兵卫》《隐剑鬼爪》《武士的底线》都受看。听说眼下又改编一部《山樱》，定于2008年初夏上映，女主角是田中丽奈。

信长密码

“信长之棺”，当初在书店里看见这个书名便觉得有意思，但书带上醒目地印上小泉首相也爱读，不由得反感。小泉并非文学家或书评家，阅读水准也未必高，只是拿读书做政治秀，对于一部作品来说，固然惹些人爱屋及乌，却也可能把天生丽质抹上钢管舞女郎的粉黛。不过，更令我感兴趣的是，作者加藤广生于1930年，这部出版于2005年的历史推理小说竟然是老先生的处女作。年过七十写小说，很有点逾矩，但读来觉得他似乎已从心所欲。

织田信长、丰臣秀吉、德川家康，史称战国三雄，所谓时势造英雄、英雄造时势，信长布武天下，秀吉统一天下，家康泰平天下，一个接一个应时而出，各逞本性，尽施手段，推动了历史演进。自1467年应仁之乱，长约一世纪群雄割据，即战国时代，最终被自称第六天魔王的织田信长收拾了动乱。他也算死得其所，不然，再多活二十年，或许用怀抱给他焐草履的羽柴秀吉不会被朝廷赐姓丰臣，一犯难就爱咬指甲的德川家康不会打关原之战，天下能否及早统一而泰平不好说。但信长死不见尸，也留下一个千古之谜。所谓千古，乃中国形容词，织田信长死于1582年，时当明万历十年——黄仁宇蜚声海内外的著书是《万历十五年》，再顺便说一句，日本人也欠缺黄氏所鼓吹的“大历史观”——风骚未及五百年。

他死在本能寺。

1582年，即天平十年，织田信长进京（京都），住在本能寺。据近年考古发掘，这本能寺不是一般寺庙，周围有石垣、水堀等，虽称不上城堡，却也具备了防御功能。六月二日，信长一早被吵醒，得知明智光秀造反，率军围攻，说了一句“没奈何”，持弓执枪迎战，但兵马都派出征讨，身边只有为数不多的随从，抵不住万余叛军。身负枪伤，退入庙堂，命近侍森兰丸（史上有名的娈童）放火，在烈焰中自刃。本能寺焚毁，现今的旅游景点本能寺并非重建于原址。明智光秀的女婿明智左马助在废墟中搜寻数日，终不见信长残骸。十月，丰臣秀吉在大德寺为织田信长举行葬礼，没有尸骨，只下葬一口空棺。

史学家今谷明说：天平十年六月二日，对于历史小说家来说是极富魅力的一天，简直像喷泉一般产生作品素材。

加藤广也是写这一天，令人叫绝的是他把太田牛一拉来当“侦探”，追查织田信长遗体，实在是最佳的历史人选。太田牛一，史有其人，生于1527年，活了八十多岁。善射，人到中年成为织田信长的近臣，职司起居录，他留在安土城而逃过本能寺一劫。信长死后，仕丰臣秀吉及秀赖。秀吉预感死到临头，1598年春在京都醍醐寺举行盛大赏花宴，派他护卫爱妾。太田长于笔墨，所撰《信长公记》为后世留下织田信长1568年至1582年的事迹，也写过丰臣秀吉、德川家康等人的军记。如果说《信长公记》相当于史料翔实的《三国志》，那么小濑甫庵据之敷演的《信长记》则类似《三国演义》，江户年间曾广为流传。

本能寺之变的最大谜团是明智光秀。

他是织田信长的家臣，屡建战功，成为坂本城主。有儒将之风，在所撰《明智家法》中明言信长恩重如山，一族乃至子孙不可忘尽忠，却为何弃义叛主呢？

关于他谋反的因由，历来诸说纷纭。其一是怨恨说，说他经常受信长凌辱，如在酒筵上辱骂他秃头（光秀二字的儿与禾，合为秃字），由怨生变。或说有取代信长的野心，证据是命他增援丰臣秀吉，驻军不前，五月二十七日在爱宕山跟连歌师里村绍巴等人你来我往地联句，他起头的一句，意思是时当五月我来治天下，反意昭然。还有说是朝廷唆使光秀剪除有篡夺皇位之虞的信长，《信长之棺》即演义此说，把光秀滞留爱宕山解释为候旨，直捣本能寺。先于加藤广，安部龙太郎的小说《信长燃烧》即采用朝廷黑幕说，编排了一个信长近侍为编写军记故事而探究主君被杀的原委，原型也正是太田牛一。

本能寺之变的最大受益者是丰臣秀吉。

毛利氏独霸一方，秀吉奉信长之命率军征讨。六月三日得知明智光秀兵变，他封锁消息，跟毛利氏媾和，以每天三四十公里的速度回师京都。按照加藤广的想法，秀吉早已掌握了光秀的谋划。信长在本能寺与距离不远的南蛮寺（受信长保护的基督教堂）之间挖掘了一条秘密通道，以备不测，而一脸猴相的秀吉要借刀杀人，事先用栅栏隔断了地道，使逃出本能寺的信长走进死胡同，烟熏火烤，憋死在里面。明智左马助在地面的灰烬中当然找不到遗体。信长的弟弟清玉上人暗中把遗体搬到阿弥陀寺（织田家庙）埋葬。秀吉的大军势如破竹，光秀兵败山崎，被土人杀害，所以后来就说他只坐了三日天下。信长死后天下便落入秀吉之手，好似天上掉馅饼，历史的疑点自然也落到他头上。

加藤广效仿黑泽明电影《罗生门》的手法，从三个角度追寻一个谜，《信长之棺》之后又接连创作《秀吉之枷》

（2006年刊）、《明智左马助之恋》（2007年刊），分别从明智一族和丰臣秀吉的角度写信长，写全了死者、胜者、败者，构成“本能寺三部曲”。他要写败者之美，胜者之哀，那么，本能寺之变的胜者哀在哪里呢？秀吉妻妾成群，唯有侧室茶茶生下二子，但他们果真是自己的亲骨肉吗？这让他苦恼不堪。关于丰臣秀吉戴绿帽子，他在世时人们就窃窃私议了。

加藤广毕业于东京大学法学部，按部就班做上班族三十年，自1980年代后半从事经营顾问。搞这个行当大概很善于开导、游说、演讲，随手把逸事、传闻或他人作品的只言片语拿来当材料，夸夸其谈。五十岁时动笔写经济书，出版有十几本。自道经济书只能卖三五千册，为卖得更多，改为写小说。打算再写七八本历史推理，然后要转向现代推理小说。去年（2007）把一本最自珍的经济书《丰富的探求》加上副题“《信长之棺》工作论”重新上市，倡导不要把人生放进工作里。他推崇荷兰历史学家赫伊津哈的游戏论，游戏比文化更古老，游戏创造了秩序，游戏的人先于制造的人。人是游戏的存在，武士道也是在游戏中展开的。利休之所以被丰臣秀吉赐死，《秀吉之枷》中举出的原因是秀吉已取得天下，需要游戏性闲情逸致，而利休犹宁死把茶道当作送武士上战场的“一期一会”的赴死仪式，悖逆了时代。

关于信长遗骸的下落，猜测甚多，或说他没有死，逃出本能寺，或说被炸成齑粉。加藤揣摩二十年，提出地道说，别出心裁，但一些史学家及小说家对这个好像也有点幼稚的说法不以为然，甚至嗤之以鼻。加藤便反驳：那你们说信长的尸体哪儿去了。他说，在公司里做事的人都明白，拿不出方案，却一味反对人家的新想法，是搞垮公司的根源。在他看来，不当公司职员就闹不懂战国武将的心情。这么急赤白脸的，似乎就少了点游戏之心。小说畅销，赚了好多钱，雇一台掘土机在本能寺与南蛮寺之间挖一挖，谜底不就能大白于天下吗?

小说，而且是推理，我们读来不必把作家放胆悬想的历史当真，抱着游戏之心读，才读得兴味盎然。忽而想到畅销一时的《达芬奇密码》，日本历史上密码也颇多，只是还没有写出能风行世界的作品，其实也无须多么文学。

叶隐

说日本总要说到武士道，说武士道就必然提及《叶隐闻书》。一般只叫它《叶隐》，计十一卷。卷一卷二题为教训，由山本常朝口述，田代阵基笔录，通常被当作武士道第一经典的，主要是这两卷。卷三至卷九记述佐贺藩历代藩主及武士的言行，卷十记外藩武士言行，卷十一附录，这些卷大体为事例汇编。

何谓“叶隐”？有人说，意思是哪怕不为藩主所知，也要一心一意效力，好似隐在树叶间；也有人说，不就是“绿荫杂谈”吗？莫衷一是。或许“叶隐”指的是佐贺藩，7世纪以前佐贺属于肥前国，据《肥前国风土记》记载：当地有一株樟树，枝繁叶茂，日影遮山，日本武尊（倭建命）巡游到这里，赞赏此国像大樟树一般荣盛。

佐贺是樟叶遮隐之地，德川家康封锅岛氏为佐贺藩主。山本常朝（1659—1719）是佐贺藩武士，也就是地方公务员。从九岁起服侍锅岛光茂。主子撒手人寰，本想跟了去，但当时已禁止殉死，代之以出家，时年四十二岁。出家后，姓不变，而名的叫法有变，改训读为音读，日本人这种变化是我们从汉字读不出来的。“无论山奥土下，生生世世守护主人之心乃锅岛武士之觉悟，吾等之真髓”，这就是《叶隐》的根本精神。

自712年《古事记》成书，至1867年王政复古，日本历史千余年，其间近七百年皇权旁落，由幕府执掌权柄。与山本常朝同时代的荻生徂徕（1666—1728）告诫武士：要知道，如今你们不再是过去的战士，变成了统治者。武士也叫“侍”，长年形成了一套习惯、规范及修养，不时有人出来说教，树立道德，使他们能够为各色人等做出表率。武士道有两派，一派以山鹿素行（1621—1685）为代表，叫“士道”。新渡户稻造《武士道》一书所宣扬的基本是士道，如芥川龙之介所言：“融合释尊涅槃之教与孔子平天下之道，更加之以东方神秀之灵气，养热烈如猛炎、峻严如冰雪之大和魂，以至于今者，实我武士道如斯之谓也。”

再是《叶隐》之教，叫作“武士道”。在主从关系上，士道主张主君不纳谏，推行不了道，可以弃他而去，武士道则教说不管主君怎么个德性，都必须一忠到底。对于死，士道与武士道歧异尤其大。士道也说要把死放在心上，正因为人固有一死，所以要安分守己，为人伦之道而生。《叶隐》则鼓吹舍身，以死“奉公”，而且以死“忍恋”，以死“喧哗”（打架）。丰臣秀吉统一天下后发布“喧哗停止令”，禁止拔刀解决纠纷，偃武兴文，而山本常朝这样对弟子窃窃私语，无疑是眷恋已过去的时代及秩序。他打算为藩主殉死，足以表明其心态之守旧。在和平年代，死不像战争岁月那么常见，更显得神秘，恍如游戏。一介老武士隐居一隅，对忠的狂热是回忆的，对死的迷恋是幻想的。为主子效忠，主动赴死，这种思想有扰乱社会之虞，《叶隐》曾多年被封杀也不无可能。

其实，《叶隐》在佐贺的藩校也不曾被用作教科书。最初刊行是 1906 年，打赢了日俄战争，整个日本正处于好战的狂热之中。刊行者中村郁一把此书呈献乃木希典，数年后这位陆军大将携妻为明治天皇殉死，或许是此书面世的第一个影响。大正年间印行《叶隐》，偏巧总理大臣大隈重信是佐贺人，为之作序。日本全面发动侵华战争的 1937 年《叶隐》一下子风行起来，军国青少年奉为圣典，“武士道就是找死”一语足以支撑敢死队慷慨捐躯。战后，“叶隐武士道”被痛加批判，丢进故纸堆。1967 年三岛由纪夫出版《叶隐入门》，说“它是提倡自由的书，它是提倡热情的书”，《叶隐》由此咸鱼翻身，并跟着他走向世界。1969 年收入日本名著丛书，这才变成了“古典”。

武士与骑士

英国人最讨厌卡拉OK。

卡拉OK是日本人20世纪最伟大的科技发明，像味之素、方便面一样普及世界。但英国人讨厌，这是英国政府最近调查的，虽然日本人向来热捧披头士。

说起日本和英国，便想到他们的共同之处——左侧行车。据说，心脏在胸腔的中央而稍稍偏左，用右手保护心脏是人的本能动作，所以右撇子武士把刀插在左腰间，靠左边走路，以免擦肩而过时刀鞘相击。习惯成法律。明治新政府富国强兵，海军仿效英国，陆军先是学法国，但眼见法国在普法战争中大败，又改学德国。陆军按法国式右侧通行，也曾想普及到全国去，未果。原本法德也都是左侧通行，一说被拿破仑纠偏。麦克阿瑟占领日本，一度要改了日本法律，但公共汽车一律是“左道旁门”，只好作罢。上世纪 50 年代规定车左、人右，迎面交通，唯冲绳直到 1972 年回归，按美国规矩走右边。

再说日本和英国，想的是武士与骑士。日本有武士道，英国有骑士道。大概骑马有术，渐变为在妇女面前逞能，进而形成一种尤其对妇女的礼仪。男人生来野性，女人使他们的野性变成文化，彬彬有礼。三岛由纪夫把《叶隐》一书捧为武士道教典，恣意曲解，对作者再三强调的“忍恋”视而不见。作者也喜欢活，为活而关注死。“隐忍之恋”是“恋的极致”，也就是暗恋，不可使对方背上恋情的包袱，永远单相思。一说便俗，偷着乐，这才是武士道精神所在。只是从赴死的角度来领悟武士道，以至就尊重妇女来说，日本的男人至今也没有英国的骑士风度。

三说日本和英国，想到了这两个国家都是岛国。1600 年 4 月，一艘荷兰船漂到九州，亚当斯是幸存者之一，他就成了第一个踏上日本国土的英国人。德川家康在大阪城接见他，听说航海这么远，大为惊奇。半年后关原之战告捷，家康设幕府执掌天下，亚当斯也留在江户做官。东印度公司成立，亚当斯从中斡旋，日英通商，却没有发展起来。二百年后一艘英国船非法驶入长崎，以武力迫使长崎镇巡供水供粮，日本这才知道英国已然是“世界工厂”，不可一世。福泽谕吉认识到“作为洋学者不懂英语怎么也行不通”，放弃当时独尊的兰学，转而苦学英语。1861年幕府派出有史以来第一个使节团走访欧洲六国，他随团当通译，大开眼界，后来成为启蒙思想家。同样是岛国，而且英国比日本还要小，却称霸世界，让日本人一方面看到自己的落后，另一方面也鼓起信心，英国能做到的，日本也做得到。不过，虽然是岛国，日本却算不上海洋民族，因为岛上的人多是从大陆渡海而来，他们弃船上岸，便急急往里走，落地生根，难改农耕的积习。明治伊始，1871年日本派遣使节团考察欧美的文物制度，认为从“文明时差”来看，日本不过比英国落后四十年罢了。评论家长谷川如是闲说：“明治维新后日本人本能地选择了英国型思想，这本来是日本人或日本文明的传统特性使然，而日本没落是由于明治20年（1887）以后统治阶层采取了德国思想。”

1900年夏目漱石赴英留学，前后三年，赶上了日英缔结同盟，对于日本举国昂奋不以为然，说恰似穷人跟富户攀上亲，敲锣打鼓地满村张扬。他还说，日本的开化不是像花那样自然地绽开，而是受外部压力而不得不采取的一种形式，只急于吸收，无暇消化，文学、政治、商业皆然，终归是肤浅的。他终生不喜欢英国。

日本人常说日本是单一民族，而英国是多民族国家，性格、思想、文化具有复杂性。或许伦敦雾所致，雾里看花，英国人处事暧昧，这倒与四季分明的日本人殊途同归。听说英国人送礼不送肥皂之类很私人的东西，而日本人最爱送毛巾肥皂，好像比英国人讲究实用。

江户城

中国人喜欢城，既有万里长城让我们傲物于地球，又有城里城外之类的观念自有城那天起就折腾我们，到现在想落户北京城里也并非易事。凡事欲壮其规模，我们就称之为城，商城、娱乐城、坐拥书城，把人家美国的拉斯维加斯也叫作赌城。日本人头脑里就没有类似想法，原来这世界上有两种城，一种是中国式的，另一种就是日本式的，足以显示这两个民族及其文化之不同。

两国的城池有什么不同呢？北京城是一座城市，而江户城指的是德川将军家的大宅院，相当于北京城里的皇城。最初在江户湾（今东京湾）以北筑城构居的是太田道灌（1432—1486），银座附近的东京国际论坛大厦里立有一尊小塑像，那就是他。这位室町时代的武将出猎遇雨，向农家借蓑衣，贫苦少女却给了他一枝棣棠，这是用古歌谐音，暗示无蓑，太田却不解其意，惭愧之余发奋向学，终成歌人，非复吴下阿蒙。他擅长土木建筑，今年适逢他构筑江户城五百五十年。

据说日本早先也曾学大陆垒墙筑城，用以防御来自大陆的入侵，莫非因为唐师宋军到底不曾打过来，后来领主就只是把自家宅院修得固若金汤。1603 年德川家康当上征夷大将军，统辖全国的武家，随即从京都近旁的伏见城迁居江户，开设幕府，独霸天下。他僭称自家的领地为天领，普请各地领主出人出钱兴建江户城，并填海造地，在这座天下之城的周边给他们自己修宅邸，常驻江户，以示服从。当初江户是将军及领主们聚居之地，武家人口占半数。武士要生活，商人工匠便纷纷聚来，为他们的消费服务，这样在城下聚落成市街，叫城下町。同行同业的店铺汇集一条街，便形成打铁的锻冶町、卖菜的青物町等，街坊名称今犹存。士农工商，以士为首，实际上武士多数是穷人，甚而受豪商欺压，但再穷也都有藩府配给的仆婢，中国穷书生故事在日本就该是穷武士。江户城下的街镇是最大的城下町，是政治中心。武士居家离城越远身份越低微，有职务的进城工作，他们是上班族的前身，让外国人赞叹不已的上班族对公司的效忠也源于此。中国的城把农村、农民隔离在城外，逐渐形成了冷酷的城乡差别，住在城里便高于城外人一等，而日本的城只是城主把自己关在了城里，城外是各色人等的天下，浑然一体。

江户城以及其他的城都是城内有城，叫郭或丸，一城之主在叫作本丸的内城居家办公，二丸、三丸等外城由世子或重臣居住，外城拱卫内城。内城分为表、中奥、大奥三部分，表相当于紫禁城的外朝，中奥和大奥相当于内廷，将军日常起居、处理政务在中奥，大约像乾清宫，大奥是将军夫人等女性生活的后宫。城有箭楼，主城的箭楼最高大，叫天守阁，重檐石垣，既用于防御，也借以夸示城主君临域内的权势与威严。游览古城可看的也就是天守阁，现存十二处，其中姬路城、松本城、彦根城、犬山城是国宝，而姬路城还被列为世界文化遗产。江户年间发生八十多次火灾，江户城的天守阁也是建了烧，烧了建，终归化为白地。1844 年大火又烧毁本城，虽说打架与火灾是江户两朵花，但德川将军城里竟也是一烧再烧，就烧得人心浮动，这把火实乃幕府崩溃之始。

德川家在江户城居住十五代，统治天下二百六十五年，1867 年不得不把大权退还给天皇家。江户改称东京，江户城先是改称东京城，再改为宫城，1948 年定名皇居。1869 年明治天皇东幸，从此不再回京都，东京就成了首都，虽然法律上至今也没有明文，或许因此才不叫皇宫而叫皇居。天守阁烧毁已整整三百五十年，此地空余石头台，一直有人在活动重建，以作为江户历史的象征。

江户人

中国人自大起来就要说汉唐，而日本历史最值得一说的大概是江户时代，那年间创造的浮世绘对凡高、马奈的绘画以及德彪西的作曲都有所影响。日本受中国影响之深是无须赘言的，但日本也自有独特的文化与风俗，现今东京的几乎也就是日本的，其文化原型基本是江户时代创生并定型，如俳谐、净琉璃。丰臣秀吉出兵朝鲜，掠来铜活字和印刷机，江户时代勃兴出版业，出版文化发达，过去以写本为主的平安文学如《源氏物语》也这才流布。有学者说，1603 年至 1867 年的江户时代，二百数十年几无战争，在这泰平之世，日本“是一个充分营造、成熟并崩溃的完整而独特的文明体”。所谓文明，就是指生活总体。平安、镰仓、室町、战国时代，庶民穿的是苎麻，到了江户时代才穿上木棉。大体来说江户时代是富裕的，农民及市民安居乐业，也较为有闲，各种年中行事和祭礼兴盛，沿袭于今。所以，怀旧一般就是怀江户，若远怀奈良时代或平安时代，则不免太多太直接地牵扯中国文化。

自从武家设幕府执政，犹如中国的东周，皇权旁落七百年，终于在 1867 年，第十五代德川将军把大政奉还给天皇家。明治维新对于前朝似的江户时代当然不会有好感。重新评价江户时代是二次大战以后，而随着经济大发展，评价大有越来越高之势。近年甚至出现了奇妙的说法：西欧向世界各地伸出触手，把新的世界秩序结构化，与之相反，日本近世有意把世界限定于远东，以此主张存在。

丰臣秀吉曾打算定都于大阪，把京都的皇家宫廷及五山寺院统统搬了来，集于一极。心想而事不成，他死在了位于京都与大阪之间的伏见——今京都市伏见区，月桂冠清酒即产于此地。德川家康移封江户时，那里还只是僻壤荒村。1603 年他当上征夷大将军，开幕府执掌权柄，令各地藩侯出钱出民工建设江户。因为几乎没有原住民，三代就算是老江户，叫作“江户子”，倘若是京都，千年古都，不住上百年哪个敢自称京都人。文豪夏目漱石是“江户子”，他讨厌京都风气，利用小说讥刺“京都这地方实在是一个蠢地方”。江户时代有三都，即京都、大阪、江户。江户是政治中心，而大阪是

"天下的厨房"，京都是手工艺等商品基地，江户人喝的酒多是从京阪一带运来。18 世纪初，京都和大阪各有四十万人口，江户竟拥有一百万，据说是当时世界上最大的城市。民谣有云：京都八百零八寺，大阪八百零八桥，大江户八百零八坊。

江户为什么会形成如此巨大的都市呢？

1600 年关原之战德川家康击败了对抗势力，称霸天下。翌年，仙台藩主伊达政宗向家康进言：把各地藩侯的正妻嫡子集中到江户，在箱根、足柄设关卡，形成一个大笼子，有他们当人质，藩侯无二心。这位独眼龙还做出表率，在江户修建大宅院，让妻子入居。其他藩侯也积极效仿，以示忠心，后来就成为制度。幕府又规定三百藩侯定期来江户觐见将军，藩侯们往来于江户与封地，一路招摇，劳民伤财，幕府则借此消耗藩财，使之没本钱谋反起事。暂居也罢，定住也罢，都需要在江户建公馆，甚至两三处，此处办公，彼处生活。江户不仅有德川将军的家臣军团，大小藩侯也带来下属，多则三千有余，以致人口有七成是不事生产的武士，形成了畸形的消费城市，每年用掉全国生产的财富四分之一。这么多武士"单身赴任"，打架斗殴就成了江户的一大特色，而且男女比例二比一，自然繁荣了花街柳巷。江户的泰平是闹闹哄哄的猥杂的泰平。关于江户，似乎写得最多的是酒与色，但不少人过分美化娼妓，对江户抱有一种幻想乃至妄想。

即使没有彼理率美国舰队来敲打国门，由于制度疲劳，19世纪日本也到了末路。外面的世界真精彩，日本人恨不能没有过江户时代，天皇设宴也变成法国菜。本来弃之如敝屣的浮世绘，欧美人叫好，就赶紧捡回来，捧之惟恐不高。可是作为一座城市，江户被明治及其后的时代摧毁殆尽，永井荷风在1915年出版的《晴日木屐》中写道："不方便拉电线，就毫不客气地砍掉路旁的树木，尽管是自古形成的眺望胜地或者很有来历的老树，也随便胡乱建红砖高楼，这样的现代状态其实只能说它是从根底破坏了本国特色和传统文明的暴行。要是说由于有这种暴行日本才成为20世纪的强国，那就是日本为了貌似强国，完全把可贵的内容当作了牺牲。"实际上，江户风貌如今只能从书中读，画上看，特别有趣的就是杉浦日向子的"考画"——她既是漫画家，又是江户文化研究家，用漫画把历史考证的成果具现，例如《一日江户人》。上世纪80年代后半，正当泡沫经济鼎盛之时，田中优子著《江户的想象力》和佐伯顺子著《游女的文化史》先后问世，肇始江户热，而杉浦推波助澜，漫画出书，电视出镜，把这股子热潮灌进家家户户。往昔的风俗，比如穿着打扮，往往难以说明白，但画出来就一目了然。杉浦从日本大学艺术系美术科退学，师事稻垣史生。稻垣是考证学家，NHK的大河电视剧好些就由他提供历史考证。他对弟子甚严，但是说：

日向子的作品那是可以放心的。生动之余，杉浦未免把封建社会的江户描画得过于自由，过于欢乐。

以前有一个说法：京都穿穷，大阪吃穷，江户喝穷；《一日江户人》也告诉我们，江户人好酒，从早喝到晚。杉浦也好酒，尤好在荞麦面馆喝。“总之，”她曾说，“酒和女人要赞美，不应该批评，要享受”。日本人长寿，女性平均寿命为八十五六岁，但江户时代只有这一半。杉浦病逝于2005年，享年四十有六，真像是“从江户来的人”。

忠臣藏

小泉首相八月十五没有去靖国神社祭扫，因为元旦就去过了。那晚他上戏园子看戏，演的是《忠臣藏》。腊月，他又跑到泉岳寺扫墓，那里埋着被编排成忠臣藏故事的赤穗浪士。田中真纪子月旦人物，评小泉是怪人，所以作秀到了他那里就有点作怪。忽而看戏，忽而扫墓，怪在哪里呢？那就要了解一下忠臣藏是怎么档子事。

赤穗，在毗邻京都、大阪两府的兵库县，濒临濑户内海。元禄十四年（1701），第五代征夷大将军德川纲吉执政，年初派吉良义央到京都给皇上拜年，三月敕使来江户还礼，浅野长矩奉命接待。他的领地是赤穗，官拜内匠头，食禄五万余石。三十五岁的浅野向职司礼仪的吉良请教接待的规矩，据说是因为没送礼，吉良不予指导，且加以嘲弄。三月十四日，送敕使回京，眼看接待任务就要完成了，浅野在廊下看见吉良的六十一岁背影却再也按捺不住，拔刀砍去。吉良回顾，额头又挨了一刀。浅野欲置之于死地，被旁人擒拿。武士社会的游戏规则本来是二人打架各打五十大板，但是在敕使面前动粗，很丢了将军的面子，所以命浅野即日切腹，没收领地。消息传到赤穗城，家老（家臣之长）大石良雄，通称内藏助，或曰“忠臣藏”的藏就指他，召集家臣们连日聚议，但终于没做到献城之日即自裁殉主之时。武士是“侍”，吃主子的饭，替主子卖命，一旦失去主子就变成浪士，如丧家之犬。家臣们四散，大石要恢复浅野家的名誉，未能如愿，便决心为主君复仇。元禄十五年十二月十四日拂晓，大石率领四十六名浪士，身穿黑衣，袖扎白布，踏雪杀入吉良家。砍下他的头颅，拿到泉岳寺供在了浅野墓前。

复仇是百姓喜闻乐见的，为之兴奋，连声喝彩，但对于幕府来说这却是造反。浪士们心里只有主子，万一那主子反叛，岂不也跟着对抗幕府，所以，忠义可嘉，罪不可恕，命赤穗浪士们切腹，以儆效尤。四十六具尸体（有一人未投案）被葬在浅野墓旁。大石内藏助良雄实现了本愿，吟和歌一首：轻松啊，夙愿已偿舍此身，浮世之月无云遮。三百零三年后小泉首相月下祭奠，以示不改初衷，一条道跑到黑。至于这个秀或怪是作给谁看的，日本内外，看的人心里都明白。

太平年间，死不常见，死得凡庸，人们对死就生出种种幻想。尤其是武士，无所事事，武只能用在寻衅斗殴上，以至火灾和打架是江户的两朵花。精神上逞强，礼仪上花样百出，武士道蔚然可观。此道是和平时代的产物，而赤穗浪士们在太平盛世付诸实践，真是不可多得的“手本”（样板）。复仇故事很快被搬上舞台，1748 年在大阪上演净琉璃《假名手本忠臣藏》（日语的假名有四十七个，藉以指人数），略称《忠臣藏》，翌年移植为歌舞伎，到处演出，成为传统剧目。小说影视剧忠臣藏足以汗牛，故事原型基本是大佛次郎的小说《赤穗浪士》。这部小说发表于昭和初年，不叫义士叫浪士，对既成的忠君爱国形象是一个批判。美国人崇尚个人主义，讨厌忠于君主，而美化复仇更引起占领者恐惧，所以曾禁止歌舞伎上演忠臣藏，可实际上，正因为人人“忠臣藏”，才老老实实任他们占领。

平成年间影视又多次搬演忠臣藏，原因是时逢赤穗事件三百年，却也诚如小说家池宫彰一郎所言：“忠臣藏峨峨耸立，峡谷深邃，山麓广阔，充满写也写不尽的话题。”他的小说把浪士们写成刺客，改编为电影，由高仓健饰演大石良雄。历史有戏，说也说不尽，却终归是戏说而已。

踏绘

长崎的角力滩是海上看落日的好地方，尤其在参观了远藤周作文学馆之后，思绪与落霞齐飞。

远藤生来体弱多病，1961 年三度肺手术，病笃时恍惚在探视人带来的纸上看见“踏绘”。病愈后多次去长崎取材，创作了长篇历史小说《沉默》，1966 年出版，获得谷崎润一郎奖。写的是踏绘。

踏绘起始于长崎。

1612 年德川家康下令禁止天主教（当时叫“吉利支丹”），其后幕府几度颁布禁令，严加镇压。1628 年前后长崎官府采用踏绘这一招，就是把基督耶稣或圣母玛丽亚画在纸上，让人踏一脚，以验证是不是天主教徒。不踏即教徒，强迫改宗。纸画易损，于是雕刻了十块木板，后来又制造二十块铜板，每年正月里实施，好似过年赶庙会。还借给别的藩，以供排查。1857 年接受荷兰商人建言，经幕府批准，于翌年废除此一制度。日本禁止基督教，直到明治六年（1873）欧美施压才最终结束。

在《沉默》里，日本锁国时耶稣会派来布教二十年的费雷拉教父屈于倒悬拷问而叛教，年轻的罗多里戈神甫经澳门偷渡，潜伏在长崎郊野，被教徒出卖，准备殉教。可是，他坚守信仰，那些已发誓放弃信仰的教徒就继续被官府用刑，直至丧命。最终他的脚踏向踏绘，感到了一阵剧痛，这时铜板上已经磨损的耶稣对他说："踏罢，我最知道你脚痛。正因为知道这种痛，我才降生人世，背负十字架。"

远藤笔下的耶稣并没有沉默，通情达理，但现实的长崎教会不容忍罗多里戈叛教，拒绝《沉默》。竖在历史民俗资料馆前的"沉默之碑"也曾被涂漆。远藤在《异邦人的立场》一书中写道："恐怕大多数日本读者怀疑我到底对基督教信赖或确信到什么程度。我明确回答，我认为基督教义相较其他各种思想，对于我是最深最高的真理。我心底至今有对基督教义的信赖感。尽管如此，基督教中有很多我不能适应的东西，特别是西欧的——特别是托马斯的思考所锤炼的基督教。当然那不是基督教的全部，是一部分。尽管是一部分，如今却被说得好像是基督教的全部，在日本也这样传授。我前面说‘洋服’即为此，不过，我内心对基督教义的信赖感让我认为‘洋服’未必是衣服的全部，我觉得合日本人身体的和服也不乖离基督教义。”境未迁而时过，2000 年文学馆在长崎市外海地区落成开馆，附近的浦上天主堂为远藤周作和所有天主教徒举行追悼弥撒，尼僧作家濑户内寂听也光亮着头皮在祭坛旁讲话，呈现了宗教宽容的景象，或许可以让远藤释怀。

今年，2010 年的 5 月，文学馆落成十周年。巨大而低矮的屋顶仿佛沉默着，脚下的角力滩烟波浩渺。沉默之碑上镌刻着远藤手书《沉默》中的一句话：人如此可怜，主啊，海却太蓝了。

夕阳西下，海水渐变了颜色，不像远藤说的那么蓝。

新渡户稻造及其《武士道》

新渡户稻造的肖像在五千元大钞上印行二十余年，2004年被明治时代女作家樋口一叶取代。据说，新渡户是基督徒，在日本第二大面额的钞票上独尊，有人花起钱来觉着不舒服，总要把他拿下来。一叶穷苦一辈子，死后上钞票是怎样的感觉呢？她二十五岁死于肺结核，那张脸没有胡须，也没有皱纹，造钞防伪另费了一番工夫。

钞票上不见了身影，新渡户的著书《武士道》却似乎更卖钱——近年武士道在日本有一点热。想一想原因，莫不是自打改元平成以来，经济一蹶不振，便想到人是要有点精神的，而日本能顶事的精神好像也就是武士道。

新渡户把此书献给教他“敬重过去并仰慕武士德行”的叔父太田时敏，这位叔父是最后的武士。明治维新，今东北地方的南部藩不顺从新政府，抗拒官军。站到新政府一边的势力处罚带头反对新政府的家宰，命太田执刀，但他不能砍故旧的脑袋，便乔装成商人逃到东京，把十岁的新渡户收为养子。新渡户回想小时候，“决忘不了藩镇交给敌人之手的日子，我们有一种无法忍受的屈辱感”。

“武士道和它的象征樱花同样，是日本土地上固有的花。不是变成了古代道德的干巴巴的标本，被保存在我国历史标本集里，它现今还是活在我们当中的力与美的对象。虽没有任何能触摸的形态，却馥郁散发着道德氛围，使我们自觉现今仍处于它强有力的支配之下。”新渡户虽然说武士道精神由佛教、神道、儒教混合而成，但翻看目录就一目了然，似乎除了“刀乃武士之魂”之外，义、勇、仁、礼、诚、名誉、忠义、克己，内容基本是儒教的。

书中写到“武士道的感化”，写到“大和魂”，引用国学家本居宣长的和歌“人问敷岛大和心，朝日飘香山樱花”（敷岛指大和国，也就是日本），指出“大和魂不是柔弱的栽培植物，在‘自然的’这一意义上是野生的产物”；“樱花在美的底下不藏刃，不藏毒。依从自然之召，随时舍弃生。其色不华丽，其香清淡不使人厌腻”。不过，他对樱花象征大和魂也发出疑问，甚而感叹：“这般美丽易散、任风吹去、放出一道香气就永远消逝的花就是大和魂的类型吗？日本之魂是这般脆弱易消的东西吗?”

“武士道”一词不是新渡户的发明，但他写《武士道》的时候这个词不大为世人所知。日本历史有两大遗产：平安时代的优雅，战国及江户时代的武士道，真正制造了这两种幻影的是新渡户稻造和川端康成。新渡户比照西欧的骑士道从日本历史中归纳出武士道，盛赞之余，也指出了“对于我国民的缺点短处，武士道也大有责任”。武士道的教育制度忽视形而上学的训练，致使日本人欠缺深邃的哲学。感情用事，妄自尊大，也是那种名誉感病态所致。他预言，武士道来日无多，已出现不祥之兆。《武士道》甫出版就有人批评，作者过于有辩护士态度，却并非心醉于武士道，而是深知其将来不可维持。就好像到日本人家做客，只会被让进客间，不能四下里游走，《武士道》写了表面的客间，但没有写后面见不得人的厨房。著书风行七年后，新渡户写了一篇随笔，题目是《平民道》，说：武士道是日本国民道德的根底，但时代推移，形成武士品性的其道犹存，而武士已不在。武士道必须平民化。随着教育的进步，以战为事的贵族武士逝去，和平的平民将站到前面。

三十年后新渡户又说：“若说武士道是怎样的东西，要素有很多，总而言之，其根本应该是知耻，重廉耻。”他在《武士道》里也写到“廉耻心是少年教育中应最先养成的道德之一”，“武士当中发达了极其强烈的羞耻心”，然而在全书文脉中并不算突出。时当1930年代，特意指明武士道的核心是“耻”，而不是“忠”或其他，应该是别有深意的。或许受此启示，鲁思·本尼迪克特的《菊与刀》用“耻”论定整个日本文化。

晚年，新渡户说了一句“亡我日本的是共产党和军阀”，为军政府及右翼所不容，近乎亡命，1933年客死加拿大。生在太平洋西，死在太平洋东，仿佛象征了他的少年大志：当一座架在太平洋上的桥梁。

两年后的1935年，我们的林语堂在美国出版《吾国吾民》，若加以比较，这两本同样在西方畅销的书有很多相似之处，如著者同样是基督徒，同样把本国文化介绍给世界，执笔时年龄相仿，同样能运用流丽的英文。文笔也相似，旁征博引，恣意汪洋。莫非中国传统文化太过博大精深，而且有深邃的哲学，以至林语堂不可能再倡导什么道，不免有点像文化手册。两书后来在各自国内的命运大相径庭，毕竟是历史捉弄人。

日本人在美国出版的著书还有一本有名的，那就是冈仓天心1906年撰写的《茶书》，有云：“近来听到很多关于‘武士律则’——我国士兵踊跃舍身的‘死之术’的论评，对茶道却几乎未引起注意。茶道才十足表现了我们的‘生之术’。”林语堂的下一本著书《生活的艺术》更类似这本《茶书》。

清兵卫黄昏出的城

看过《黄昏清兵卫》的朋友都夸说这部日本电影拍得可真好。故事背景是江户时代，大约在明万历到清同治之间。原作是藤泽周平的小说，他这样描述清兵卫：下城的鼓敲响了，井口清兵卫马上收拾手头的文牍，第一个走出办公处。在门口咕哝了告别话，却没人回应，也没人特意看他一眼。清兵卫回家快，大家都完全习惯了。出了城，清兵卫忽地钻进菜店檐下，买了葱。又买了豆腐。并不大踌躇，看来这些东西都平常买惯了……

清兵卫每到收工时间就起身回家，不跟同僚聚饮，人送外号“黄昏清兵卫”。他是穷得不能再穷的武士，死了妻，要赶回去照管二幼女一痴母，还得搞副业维持生活。于是，我们在银幕上几次看见他出了城门往家走，背后跟着一个半傻的跟班，衣裳褴褛。

清兵卫进出的城，不是我们八路军刘连长三进三出的那种城镇，拿北京打比方，并非北京城，而是北京城当中的皇城。据《新唐书》记载，日本“国无城郭，联木为栅落”。8世纪末仿照唐长安，在盆地当中“自然作城”，建起平安京（京都），但没有像长安那样用城墙把整个都市围起来。那时候怕大唐兴师问罪，国将不国，早已把防御系统构筑在海边，有点修长城的意思，福冈的“水城”是遗迹。1590年德川家康看好风水，在日本的龙头之地大兴土木，修建江户城，是他自己居家执政的城堡。所以话说江户城，说的并不是江户的整个区域。

德川家康以征夷大将军的名义统领天下武家，规定各地的藩主（领主）只许在领地内据有一座城池，也就是除了居城，其他城砦统统毁为平地，偃武兴农。

城下是武士住宅区，身分越低住得离城越远。士农工商，武士为首；武士是工薪阶层，从将军或藩主那里领大米，这份俸禄及职务是世袭的，几近家奴。武士各有所司，当警卫的，管仓库的，或者在工地上监工。职场在城中，每天进城执勤，叫“上城”、“下城”，也就是上下班。战败后发展经济，上班族历尽艰辛，被形容为武士，其实他们本来是武士的余脉。武士忠于将军或藩主，上班族忠于公司。武士几乎从未忠于过天皇，忠君是晚至明治维新前后大搞思想改造的结果。有人说美国占领军未取缔天皇使日本保持了稳定并发展，这不过是假定而已，这个假定反而使天皇在日本人心目中别有了分量。

藩主及武士是统治阶层，需要有人来服务。用优惠政策招商，散居在农业地带的商人工匠纷纷迁移到武士住宅的外围，同职同业聚居一处，便形成“菜店街”、“木工街”、“酒馆一条街”。此外还有寺院区，暮鼓晨钟。不出几年城下便呈现了一片街市，叫作“城下町”。日本很多近现代城市都是由城下町发展而成的，小的如成田国际机场附近的佐仓，大的如日本海边上的金泽，最大的，那就是东京。

在过去的印象里，城就是为战争而修筑，但是逛城下町，充满了传统情趣和生活气息，不禁觉得“城”本来是生活的集落，不该只用来回忆战争。藤泽周平小说的独到之处是惜墨于剑客练功，刀法如何，偏重写武士居家过日子，写人生悲欢，男女爱憎。剑道（刀术）是武士的六艺教养之一，腰间插上长短两把刀，却未必精于此道。黄昏清兵卫被视为怪人，冥冥之中支撑其生活方式的是武士的义理和刀客的自负。上班族或许从这个电影中看见了自己的身影，但人生黄昏，等待他们的可不是美好的爱情。

系紧兜裆布

有一些词语，如予生也晚、未能免俗之类，人们作文很爱用，似乎笔下就带了调侃。“未能免俗”，语出《世说新语·任诞》。说的是竹林七贤之一的阮咸好酒，不务正业，直把家喝得四壁萧然。到了曝晒衣裳的日子，同姓们拿出纱罗锦绮，一片灿然，他也竖一根长竿把“大布犊鼻裈”挂在院子里。有人见了奇怪，他说：未能免俗，也做做样子。予生也晚，晚了千百年，未得见犊鼻裈，时而想它是怎样的东西呢。

谋生度世，涂鸦也用过未能免俗，却不再记起犊鼻裈。后来就来到日本，某日，驱车奔驰在乡间，忽见田舍小院里挂了块白布，像一幅中堂。每事问，原来那就是相扑比赛时赤身裸体的力士系在腰间胯下的，写作“裈”。艳阳下顿有所悟，阮先生高挑在竿子上的大布正是这东西罢。倘若按辞典的解释，“犊鼻裈”是短裤或围裙，招摇起来就不那么“任诞”。文君当垆，司马相如只系了兜裆布，全棉的，洗碗刷碟子，这情形放在今天的日本也不为怪。

“裈”的日语发音听起来好像“粪兜子”，与朝鲜语相近，说不定是从那里传来的。译成现代中国语，“兜裆布”庶几近之。穿法不同，形状各异，大致分三类，曰“六尺裈”、“越中裈”、“畚裈”。“六尺”约合二百三十厘米，估计比阮式犊鼻裈长得多。这种兜裆布年代最古老，通常是劳动者穿用。力士的兜裆布（特别称之为“回”）要经得住拼搏，在腰间缠两三圈，扯不掉，拽不开，更需要长宽厚重。相扑的最下级力士叫“裈担”，就是给上级力士搬运兜裆布的。“越中裈”短一半，当年“皇军”穿上这种兜裆布，像酒馆的门帘，四出侵略，据说就兜住“大和魂”。悬想八路军夜袭炮楼，鬼子兵从铺上跳将起来，下身当啷着白布，群魔乱舞，倒也要吓人一跳。“畚裈”尺寸比较短，其形如畚，过去用作游泳裤。

日本打不少胜仗的年月，兜裆布被赋予民族精神，有人曾写道：俗话说情义与兜裆布不可少，穿上了洋服的今天也系着红兜裆布、黑兜裆布、白兜裆布，这才真是保存国粹。国家到了最危险的时候，要系紧兜裆布（这是句谚语，意思是下定决心），没有兜裆布的话，那可就起不到作用。兜裆布是什么？过去是“戎装”，现今是“军服”，也许因此才写作衣补加一个军字。后来崇拜中国的汉学家之流开始穿“吴服”，日本国曾遭遇一大危机。如今崇拜西洋的人又大穿“洋服”，其实穿“吴服”或者穿“洋服”也无所谓，底下总要系着兜裆布。有时换成裤衩也无妨，但心里要牢牢系紧兜裆布。兜裆布本来是热带民族特有的东西，地球上居温带系兜裆布的，唯我大和民族。用兜裆布把太平洋的大小岛屿连起来，变太平洋为一湖日本水。兜裆布的使命可真叫伟大，社会主义、无政府主义、欧美物质主义打扮得漂漂亮亮，但徒有其表，紧要关头不能像兜裆布那样发挥作用。吾人切不可忘掉兜裆布。云云。

兜裆布加三八大盖到底不顶用，美军在冲绳登陆。一个七岁的少女跟家人失散，躲进洞穴，里面已藏着一对老人。听见美军在外面喊“战争结束了，出来罢”，老奶奶把老爷爷的兜裆布撕成三角形，系在树枝上，让少女求生：出去罢，举得高高的，让人能看见。她举着“白旗”走出来，美军的随军记者拍下历史性照片，题作“白旗少女”。那之后不久，兜裆布系得最紧的关东军被苏军打垮，掳到西伯利亚做苦力。饥寒交迫，俘虏兵拆掉兜裆布的带子，冒充手巾跟苏联人换一片黑面包。

列岛上出土的土俑已塑有兜裆布，足证使用之久远。明治政府搞开放，金发碧眼上岛来，看见男人露出两瓣屁股走路，瞠目结舌。当权者不好意思了，发告示禁止陋习，可能像北京近年的不许赤膊。生物学家、民俗学家南方熊楠是日本代表性人物，最早搞自然保护运动，传说他不穿兜裆布，理由是“放牧比圈养有益于卫生”。二战后日本被美军占领，男女一齐丢掉兜裆布，以至“裈”都不好说出口。那位安能久事笔砚间乎的三岛由纪夫扬厉国粹，就系上兜裆布，手持大洋刀拍照。如今只有七老八十的人可能还使用兜裆布，但时逢盛夏，大街小巷办庙会，为神抬轿子，男人两股间用“六尺裈”一兜，“形如犊鼻矣”——这就是“犊鼻裈”之称的由来罢。

裸

2009年，颇有名气的男艺人泥醉，深夜在公园里赤裸，被警察逮起来，内阁大臣斥之不像话。

2010年，颇有名气的摄影家在墓地拍AV女优，全裸，被法院以公然猥亵等罪名罚款。

据说男艺人当时曾抗拒：脱光了有什么不好！

似乎问题正是在这里：把天地当作自家房屋，赤条条来去无牵挂，为什么犯法呢？倒退一百五十年，赤身裸体在江户时代的日本真是无所谓，有画为证。

画是德国人海涅1854年画的《下田公共浴场》，男女二十几人仿佛无性别，混在一起洗浴，虽然身体特别是女性乳房画得像西方人。海涅曾两度随彼理舰队到日本，画了四百幅写生，此画附在提交美国政府的报告《合众国海军提督

M. C. 彼理指挥下1852年、1853年以及1854年美国舰队中国海及日本远征记》中。这个《日本远征记》有云：日本人彬彬有礼，很客气，但是有令人惊诧的习惯。在一个公共浴场看见男女不分地随便进，不在意彼此的裸体。进而断定身分低的日本人，道德倒是优于其他东方国家，但淫猥不堪。不消说，道德与否，标准完全是彼理们的，即西方道德。

看见日本人混浴，公然裸体，西方人大都蔑视他们是世界上最不知廉耻的人种，但也有人欣赏，说他们像伊甸园里的亚当和夏娃一般纯真。混浴是日本民族的生活习性，起码在江户时代正常而普遍。无关乎身分，即便是相当有身分的人也当着家属的面，恬然指着自己的那话儿问洋人，英语怎么说。如今也常见不许随地小便的招贴，只是在警告男人，而过去年轻女人也掀起裙摆在路边放尿。洗得通体爽快，甚至光着屁股往家走，裸奔也无人注目。男人干活只系一条兜裆布，叫作裈，大概那就是晋代竹林七贤之一刘伶当作屋室的，他脱衣裸形，却说你们怎么进我兜裆布里来了。日本人全身都可以像脸一样在大庭广众之前裸露，怕是刘伶也自愧弗如。

从生活到文化，大众文学多带有想让人蒙上眼睛的猥亵图画，这也是日本人龌龊堕落的可耻印记，让彼理们厌恶。然而，例如春宫图，正可以看出日本人对裸体的态度。西方在日常生活中把裸体隐藏，裸体变成性欲的诱惑，并升华为艺术。裸体被文化，同时商品化。日本人却不把裸体当回事，没有和性紧密相关，浴场里男人的眼光不会在女人的裸体上游移。如1719年朝鲜通信使申维翰所写，春宫图画的是百媚千娇的云情雨态，性刺激在于变形地夸张性器巨大，姿势像杂技。裸体是日常的，未作为审美对象，春宫图几乎从不画全裸，对乳房的处理也潦草，美在服饰上。服饰主要显示社会、文化所形成的性别，而不是生物学性别。若问究竟，似乎只能说文明开化到这个阶段，留有原始性。日本电视常播映热带雨林的裸体部落民，恐怕不单单出于好奇，还潜在着一种乡愁。当然与生存环境也不无关系，虽然皇家贵族追摹中国文化，甚至穿很多层衣裳，有十二单之称，但先进文明与落后文化并存，平民百姓装束很简单，不比陈寿《三国志》记载的贯头衣复杂多少。民俗学鼻祖柳田国男记述，夏天工作服跟赤裸一样。住居也是开放的，无隐私可言，也无所谓窥视，江户人情味就是在这种生活中养成的。

以为现今日本仍然是这样，甚而想入非非，未免错乱了时代。江户时代末叶，1791年施行改革，内容之一是禁止男女混浴，移风易俗，其后也多次发布禁令。明治政府一心要脱亚入欧，对混浴及裸体更觉得脸红，1868年阴历七月江户改称东京，翌月便严禁混浴，理由是对人家外国人失礼。1871

年发布禁止裸体令，理由是外国甚鄙之，丢国家面子。黄包车夫穿上外褂，澡堂子男女有别，遮掩起裸体，日本人开始害臊了，也就有了羞耻心。隐蔽裸体提高了日本女人的性感，这倒是明治政府所始料不及的。世俗变脸之快，到了1895年，油画家黑田清辉出展女人裸体画《晨妆》，观看者浪笑秽语，女人一瞥羞赧，逃之夭夭，天皇临幸展览会，用布把它盖起来，媒体群起而攻之伤风败俗，日本人已经这般有羞耻心。在培植羞耻心上媒体很像是政府的帮凶，不遗余力。吃了西方的禁果，裸体跟性、性欲挂钩，或许“看见白臂膊，就想起全裸体，然后就想起生殖器，想起性交”（鲁迅语）也说不定。这里有人狂露，那里有人偷窥，露自己的，窥别人的。再看海涅的混浴图不免尴尬了，简直被钉在耻辱柱上。内阁大臣的斥责完全是一百五十年前的西洋人腔调。抱着羞耻心旅游中国，看见厕所里没有间隔便大惊小怪，先害起臊来，然后大加讥笑。

中野明在《日本人的羞耻心》一书中认为，裸体观不是文明与未开化的落差，而是儒教国家与基督教国家在裸体观上的不同。这值得商榷。我们中国是儒教的本家，向来不许裸，刘伶也不过在家里任诞而已。儒教被日本拿来，很大程度像漂萍，并不曾渗透民间。实际上混浴不仅明治年间禁而不止，所以我们的王韬清末东游，也见识过男女并裸体而入，真如入无遮大会中，而且迄今遗风犹存，这从公共浴场须知要写上禁止混浴也可见一斑。1945 年战败以后，主要受美国影响，女人又一件一件往下脱，无限地接近裸。AV 女优抱怨摄影家：不可以在外面裸，这是常识。但人们总是要挑战常识，打破常识。或许对传统文化及习俗更有了自信，为发展旅游，振兴地方，一些温泉又以混浴为招徕了。不过，并非返璞归真，招徕的背后隐含的却是对异性裸体的兴趣。

龙马传说

自1963年，NHK（日本放送协会）每年制作一部大型历史连续剧，从年头播映到年尾，戏说历史，叫大河电视剧。这个NHK可比作“央视”，谁演谁红，演谁红谁，今年演的是坂本龙马，于是书店里摆满了有关这位幕末志士的书，高知、长崎等地与龙马有缘，更借机广招游客，颇有助于活化地方经济。

坂本龙马在日本家喻户晓，倒不是拜电视剧之赐，功莫大焉的是司马辽太郎。1962年6月至1966年5月，他在日报《产经新闻》上连载历史小说《龙马逝》，成书五卷（文库版为八卷）。四十余年来，各种版本累计售卖两千多万册，为司马小说的销量之最。历史小说具有副作用，写得越好，副作用越大，迷惑或搅乱人们对史实的认知。堪比小说家山冈庄八笔下的德川家康，司马辽太郎给日本人灌输了一个虚拟拔高的龙马形象，假作真时真亦假。

幕末，即江户幕府末期，一般指1853年彼理率美国舰队叩日本国门，至1868年明治新政府成立，仅仅十五年。当年竖起了尊皇的大旗，底下乱哄哄各逞其能，攘夷或者开国，倒幕或者佐幕。长州藩愤然攘夷，结果被四国联军打得俯首帖耳。颇多志士都是由攘夷转向开国，如第一任总理伊藤博文。坂本龙马从家乡土佐藩(今高知县)游学江户，正遇上彼理舰队冒着黑烟驶入江户湾，慨然要取了异人首级回乡见父老。幕府臣僚胜海舟是开国派，据他记述，龙马企图刺杀他，但听他论说世界大势，顿开茅塞，纳头拜他为师，从此也主张开国。此说有中国典故的影子，姑妄听之。

通说坂本龙马有两大功绩，一是斡旋水火不相容的萨摩(今鹿儿岛县西部)与长州(今山口县西部和北部)两大藩缔结攻守同盟，二是建议幕府把大政奉还给天皇，其结果导致维新，建立了明治这个国家。按照司马辽太郎的说法，没有龙马，萨长不可能联盟，但史实为证，萨长联盟及奉还大政并非龙马独出心裁，为先路之导，实乃大势所趋，水到鱼行，当然鱼也会掀起水花。

说来这两件事恰恰是矛盾的。萨摩藩的西乡隆盛是倒幕急先锋，置幕府于死地而后快，而幕府如若把独霸二百六十年的权力归还天皇家，仍然能充当新政府首辅，继续执政。龙马合纵了萨长，随即遭幕府鹰犬的袭击。《龙马逝》中描写，龙马之妻阿龙正沐浴，发现了杀手，赤身裸体跑上二楼报警，龙马得以脱逃。可是，后来他通过土佐藩权要向幕府献策，奉还大政，以求自保，就站到幕府一边，也就跟武力倒幕派对立，以至有一说：西乡隆盛们杀掉了龙马。德川第十五代将军庆喜审时度势，双手把政权还给了朝廷，但倒幕派于心不甘，想方设法诱发了战争，彻底摧毁旧幕府势力。龙马提出奉还大政之策，或许意在和平地改变政治体制，但他一手操作的萨长同盟是嗜血的，最终产生了一个以萨长势力为主的独裁政权。明治时代并不像司马辽太郎所赞美的，是清透的现实主义时代，而是天皇制意识形态时代，甚至可以说，从明治维新到1945年战败整个是一个时代。

本家是富商，龙马的父亲虽属于下级武士，但家道殷实，龙马能两度往江户游学。他的才干与其说是政治的，不如说是商人的，非常现实主义。江户时代最高教养是汉文，龙马“却没有留下任何一首汉诗”，这或许表明他学问并不高。但为人聪慧，善于交往，积极接触第一流知识人，吸收学识，形成思想，而且不止于坐而论道，更善于付诸实践，作而行之。说到底，天生龙马，不拘一格，是捭阖于权势之间的纵横家。擅自脱离藩籍的浪人结社，多是军事组织，而龙马创建“龟山社中”是日本第一个商社。起先由萨摩出资，后投靠土佐，改称“海援队”，龙马为队长。胜海舟在神户开设海军操练所，又办了私塾似的海军塾，由龙马任塾头。这位被龙马仰为天下无双的军事学家对龙马人生的影响特别大，海军塾学员也构成“龟山社中”骨干。龙马做什么生意呢？倒卖军火。以长崎为据点，躲过幕府耳目，把从托马斯·格洛弗手里承揽的武器弹药贩往全国各地。大概就是靠这个生意，龙马拥有了与各藩周旋的地位。近代化武器增强了萨摩、长州、土佐等藩国的军事力量，终于使幕府军及佐幕各藩土崩瓦解，天下归顺。

格洛弗是苏格兰人，在上海进怡和洋行，后到长崎作怡和代理人，协助倒幕派（法国则支持幕府），旧居如今是长崎市民的格洛弗公园。怡和洋行横滨分号老板吉田健三是战后与美国缔结安全保障条约的首相吉田茂的养父。虽然炮舰敲开了日本锁国的大门，但美国不过是要求日本提供捕鲸船停泊补给的港口罢了，而英国需要生丝、茶叶等贸易品，更积极地参与了日本的明治维新。

到底谁暗杀了坂本龙马是日本史一大悬案。司马辽太郎在《龙马逝》后记中写道：“暗杀龙马的计划好像搞得很周密，但完全不清楚幕府什么人下令见回组的。”见回组是幕府派驻京都的警备队，新撰组负责北边，见回组负责南边。研究幕末维新史的菊地明详加考证，认定见回组所为，龙马身受三十四刀。

坂本龙马死于1867年，翌年改元明治。新政府论功行赏，没有他的份儿。天下板荡，英雄辈出，人一死也就被忘记。重新提起他是1883年，土佐的报纸上连载小说《汗血千里驹》，为“天下无双人杰、海南第一传奇”的龙马立传。作者坂崎紫澜是自由民权运动家，“借古影今”，宣泄对萨长政权的不满。阿龙裸身告急的故事就是他创作的。

1904年，日本与俄国断交，一份福泽谕吉创办的报纸上报道，皇太后接连两夜梦见白衣武士，自道魂系海军，保护忠勇义烈的军人；给她看龙马的照片，说丝毫不差，于是世上又掀起一场龙马热。转年真就在日本海上打垮了俄国舰队，龙马成为海军守护神，墓旁树起忠魂碑。据说，拿出龙马照片的人是土佐人。又据说，司马辽太郎之所以写《龙马逝》，当初也是受一个土佐出身的同僚怂恿。

千头清臣1914年撰写的《坂本龙马》中出现了龙马不当官的故事，说他为未来新政府拟定官职，但名单上没有他本人，一问，原来他打算去经营“世界海援队”，真像是大功告成后泛海而去的儒商陶朱公。

最脍炙人口的故事是龙马在船上提出建国大纲，即“舟中八策”，土佐藩据此建言幕府奉还大政，但此事查无实据。

对坂本龙马的评价是截然相反的，或夸大其功，或抹杀其人。龙马只活了三十三年，基本实现了自己的理想，完成了使命，不必叹“时不利兮骓不逝”。司马辽太郎说：“在日本历史所拥有的‘青春’中，拿给世界哪个民族都足以充分引起共鸣的青春惟其坂本龙马。”

青春的龙马不过是传说。

明治维新是一个夸张

日本史学家网野善彦有一个看法我深以为然。他说：司马辽太郎高度评价明治，被“自由主义史观”拉来做虎皮，其实，司马本身的意图是以批判大正、昭和为前提的，那些人好像有点搞错了；但司马对明治时代推进近代化予以过高评价的观点有很大问题。

司马辽太郎是历史小说家，于1996年去世，有“国民作家”之誉。最近在一个纪念司马辽太郎的学术讲演会上，小说家五木宽之说：没有哪个作家像司马这样给现代日本人如此强烈而鲜明地灌输了明治时代的形象。

关于明治时代，司马辽太郎说过这样的话：“明治政权从欧美买来了‘近代’——以学问和技术的形式输入。因此，‘近代’一词颇有点贵重药品的语感。其实，尽管少，这类

‘近代’在日本也存在，明治政权的人们是不知道，还是置之不理呢……如果明治维新之际，在日本本身的‘近代’要素（或者风土）上嫁接欧美的近代，那就会有意思多了。昭和初期作为明治国家的末尾，可能也就不会是思想那么贫瘠的社会，虽然这样说好像屈指算死孩子的年龄。”在网野善彦看来，司马对“日本本身的‘近代’要素”的认识和评估还远远不到位。岂止司马，整个日本史学界一向过低评价了明治之前的江户时代，即1600年至1867年的二百六十余年。评价过低，意思是江户时代被人为地涂抹成农民占人口百分之八十以上的自给自足的农业社会，封闭而黑暗。有了这个铺垫，明治天皇一纸诏令，数十年之间迅速完成产业革命，使日本近代化，由落后的农业国变成与列强为伍的工业大国，哪能不是一个“奇迹”，教天下人叹为观止。网野善彦不厌其烦，在许多文章中反复论说这不过是一个虚构，其一是来自对“百姓”的误解。

中国人说“百姓”，通常指普通人群，和日语的“平民”、“庶民”相当，而日本人说“百姓”，指的是农民、庄稼人。司马辽太郎说：“江户时代大多数日本人是百姓。百姓耕田交租就完事，此外没有任何义务。没有参加政治的烦人的义务就悠闲自在。”百姓即农民，这是日本人的常识，也是绝大多数历史研究者的观点。二十年前网野善彦也不例外，但通过调查他发现江户社会早就浓厚地存在非农业的、城市的要素，由于行政、租税、身分等制度的遮盖，造成了一个以农业为主的封建社会的假象。实际上，“百姓”不只是农民，还包含从事各种职业的人，若除去林牧副渔，农业人口顶多占百分之五十。自7世纪后半，日本接受中国以农为本的儒家思想和制度，开始出现把“百姓”限定于稻作农民的幻想。18世纪初成书的《和汉三才图绘》解释“农人”：俗云百姓；百姓乃四民（士农工商），以农为百姓，非也。可见，那时误解已浸染社会。1872年明治政府编制户籍，施行全国统计，把养蚕织布晒盐种树的各色人等统统计算为“农”，留下了农民占人口百分之八十以上的历史数据，后世史学家即基于这个虚构描述各自的日本社会观。“百姓即农民”、“日本是农业社会”的历史图像进而被以农业史为中心的西欧近代史学和马克思主义史学加以强化乃至僵化，通过教科书传授一代代日本人。

网野善彦重新界定了农业的概念，男耕女织，只是把男耕算作农业。俯瞰日本列岛的自然，山、野、河、海占很大比重，他特别强调海和以捕捞为生的海民。通过河海，自古以来进行广域的贸易，13世纪后半已逐渐形成了富有城市性质的经济社会。基于这样的社会分析，他主张撕掉层层假相，重写日本史。不过，在“解构”农业社会这一传统概念上，似乎网野并未给出更多的理论说明。

从西装到劝学

日本时兴用假名照搬外语发音，例如西装，本来叫“背广”，如今说这个汉字词已显得老气。明治年间他们用汉字翻译西方词语的含义，很多译语也一直被我们汉字本家受用，例如“共和国”。不过，中国被打开国门在先，横滨开港，擅于做西装的裁缝是渡海而来的中国人，一说“背广”当初由中国译制，类似于固有的背心，随手艺东传。日本现在还常用的汉字词，例如离婚、保险、化学、地球、民主、公约、国会、合法，都是从中国拿来的，帮助了明治维新。仿造是日本人的看家本领，中国造出个“电报”，他们就照猫画虎，仿造了“电话”一词。福泽谕吉是个中高手，例如“版权”（后来日本改用“著作权”）一词就是他造的。不单造词，还写了一本《西洋衣食住》，文图并茂，告诉日本人西装比和服便于作战，以及西方人种种活法。几年后明治政府开会研究服装问题，参与大政的副岛种臣以胡服骑射为例，说服保守派，布告天下，“尔今礼服采用洋服”，取代了衣冠束带。这些事情就叫作文明开化，此语出自福泽1875年出版的著作《文明论之概略》。一时间，剃了发髻的脑壳敲一敲都是文明之声，不吃牛肉火锅的家伙就是不开化。

福泽谕吉是明治日本最大的先知先觉，最著名的作品是《劝学》，广为人知。但执笔并不曾特别用力，原来此书是他大病初愈，回乡接母亲来东京，随手为家乡开办学校撰写的招生宣传，鼓动不知路在何方的乡下年轻人来上学，学会真本事，走遍天下都不怕。大概又打算用作他创办的庆应义塾、英语学校招生，1872年公开印行，竟大畅其销。两年后接着写下去，共十七篇，1880年合为一册出版，并加上《合本学问之劝序》，就是说，书名本来是汉字，即“学问之劝”。洛阳纸贵，总计销售了三百四十万册，按当时人口约三千四百八十万来算，读者之众，无疑有启蒙之功。

《劝学》第一篇（初编）主题是为了自身独立，一家独立，天下国家独立，人人都应该学习通常日用的实学，而学习西方学问是个人取得成功的捷径。此篇可说是福泽思想的概要，其后各编详解其内容，并教说处世哲学、生活态度、成功秘诀。劈头第一句最为有名：天不造人上人，不造人下人。此话是从美国《独立宣言》里引用的，这种天赋人权的思想在明治之初被广为介绍，但二次大战后变成了福泽的名言。

对于他来说，在进步还只是希望的年代，这句话是满怀激情写下的。

福泽谕吉生于1835年，父亲是一个小诸侯国（藩）的下级武士，通晓汉学。福泽十四五岁始志于学，起因是左邻右舍都读书，唯独他不读，面子上过不去。读四书五经，通读《左传》十一遍，能背诵有意思的段落。在江户幕府执掌天下的时代，等级森严，家庭出身决定他不会有出人头地的希望，父亲甚至想让他出家当和尚。福泽在《福翁自传》中写道：每想起此事，就愤恨封建的门阀制度，并体谅亡父的心事而独自流泪。为了我，门阀制度是父亲的敌人。渴望平等，追求自由独立，十九岁游学长崎，学习兰学，借助于荷兰文掌握西方文化。观光1859年开港的横滨，发现荷兰语不通，转而苦学已称霸世界的英语。给军舰司令当随从，而不是做翻译，便避开英语尚浅的障碍，得以去美国大开眼界。他突然问，华盛顿的子孙如今怎么样，人家冷淡地说不知道，他觉得不可思议，因为脑袋里还装着日本的门阀观念。用英语汲取西方思想知识，用儒学教育训练出来的头脑把自己的人生体验加以思想化，落笔便写出天不造人上人，不造人下人，直击门阀制度。人有贤愚之分是学与不学造成的，勤学而通达事物能大富大贵，这样的思想应该也取自中国长达千余年的科举，学而优则仕。体验具有一般性，思想便带有普遍性，人们很乐于接受。但人人平等也是有条件的，那就是必须上学，不学习，没学问，难免受穷，只能当人下人。明治政府突然把阴历改为阳历，世上混乱，福泽撰写《改历辩》，替政府说话：日本国中的人民怀疑改历的必是无学文盲的傻瓜，不怀疑的必是平生用心于学问的智者。说到底，在福泽眼里人并非平等。福泽的教化对于日本人形成近代世界观影响非常大。他们向来以教育程度高自傲，鄙视其他民族，根子也就在这里。

对于明治维新大有人反对，尤其在那些几乎被抛弃的边鄙之地。福泽家乡就有人认为，当权者净是把灵魂出卖给外国的实学派，只是使一部分人富起来，平民生活没变好，福泽更是个里通外国的国贼。趁他回乡之际，一个远亲而近邻的人策动暗杀他，但两次三番都未得下手。福泽彻头彻尾地崇拜西方，主张全盘西化，亦即近代化。美国用炮舰敲开日本封闭二百年的国门，这是干了一件大好事，但福泽也别有爱国心。《劝学》中写道：国有耻辱，全日本人民一个不剩地舍命，以不失国威，这就是一国的自由独立。或许是眼见大清帝国在鸦片战争中一败涂地，从而产生爱国心。他在《文明论之概略》中说过，报国心与偏颇心，名异而实同。福泽的爱国之心偏颇在脱亚。既要脱之，必先诬之，他1882年创办的《时事新报》肆意贬损亚洲，煽动向朝鲜出兵、对中国开战的民族情绪。常有人说，日本人骨子里瞧不起中国，这骨子正是福泽带头给日本人换上的。归化日本的小泉八云曾写道："新日本真正诞生的日子是使中国屈服的那一天。"那一天就是甲午战争打败了大清之日，日本从此才像是走出千百年中国文化的阴影，自立于民族之林。福泽欢欣之余，似乎也看见启蒙所种下的恶果，1897年给弟子写信，言道：看世上该忧患的事情很不少，近来国人过分热衷于外战，终将不堪收拾。当时自由民权派批判福泽谕吉撒谎吹牛，由外交官转身为基督教牧师的吉冈弘毅更明确说他是"图谋使我日本帝国变为强盗国之人"，"结怨四邻，受万国憎恶，必给将来留下不可挽救的灾祸"。

孔子说"学而时习之不亦说乎"，荀子著有《劝学》。1898年张之洞也写《劝学篇》，虽然与福泽谕吉著书前后相差二十年，但所处国情不同，出发点也完全不一样。张之洞力挽的是垂死的旧体制。福泽成长在维新前，未参加维新的政治运动，活跃在维新后。天皇复辟，却是个十几岁的孩子，维新并非他一声号令，而是政变上台的新政府挟天皇以推行天下。福泽在1898年脱稿的《福翁自传》中写道：中国的问题首先在于根绝老大政府，否则，政府即便出什么样的了不起人物，出一百个李鸿章也毫无用处。刷新人心，使国家文明，恐怕除了试以搞垮中央政府，别无妙策。福泽谕吉认为王制也好，共和制也好，任何制度都各有长短，没有绝对理想的制度，目的只在于实现文明，不同的政治制度不过是为达成这一目的的不同手段。他也读四书五经，但唐装也好，西装也好，反正都是拿来的，穿脱自如，赤条条来去无牵挂，中国人岂能随意做得到。也正因为如此，日本又宿命地走进西方文化的阴影里。

福泽谕吉一辈子不做官，却充当“明治政府的老师”。他曾患斑疹伤寒，幸免一死，认定是吃牛肉喝牛奶有效，不仅作文宣扬，而且买大块牛肉宴客。明治年间长大的夏目漱石把文明开化贬斥为浅薄，这种浅薄似乎也正是福泽谕吉的浅薄。今人未必读其书，却无人不知其人，因为福泽活在钞票上。日本流通的最大面值钞票是一万日元，上面印着他的像，已将近三十年，俗称谕吉，数起来不论张，而是一个人俩人仨人。夏目漱石曾留学英国，在帝国大学教授英文学，却终于未入欧，反而归亚，甚至回到了汉学，他那副愁容也在千元日币上挂了几年，但没人叫它漱石。《劝学》中多见的“权义（权理通义）”是 right 的译语，即现今常用的“权利”，这是 1864 年在中国翻译出版《万国公法》的造词。

脱亚

日本的脱亚，就我来说只是一个传闻而已。其实，关于日本，我们的知识不少都不过是传闻。文艺春秋社出版《福泽谕吉的真实》，作者平山洋，对脱亚之说的来龙去脉做了一番查考，读来也蛮有意思——

1885年3月16日《时事新报》上发表了一篇社论，题为《脱亚论》，写了这样一些话：西洋文明之风东渐，所到之处，草木无不披靡。日本国朝野无别，万事采用西洋近时文明，主义所在，唯脱亚二字。日本国土虽然在亚细亚东边，其国民精神却已经脱出亚细亚固陋，移向西洋文明。但不幸近邻有国，一曰支那，一曰朝鲜，不知改进之道，恋恋于古风旧惯之情无异乎百千年之古昔。论教育则儒教主义，虚饰外表，实不知真理原则。道德扫地，残酷无廉耻之极，犹傲然不念自省。自今不出数年其国必亡，国土由世界文明诸国分割。

我国不可迟疑，与其待邻国开明，共兴亚细亚，毋宁脱其伍，与西洋文明国共进退。对待支那、朝鲜之方法，亦不必因邻国而特予理会，正可从西洋人之风处理。

《时事新报》是福泽谕吉1882年创办的，天天有社论，他和几个记者交替执笔，署不署名无一定之规，以至日后大杂把收进福泽谕吉的全集里。福泽是日本第一个活着出全集的人，他自编的《福泽全集》没有收这篇《脱亚论》，后来石河干明编《福泽全集》也不曾收入，据此，平山洋怀疑此文并非出自福泽。他认为，这种论调在当时实属一般，没什么启蒙之功，《时事新报》说过了拉倒，遑论他报，福泽本人也到死没再提。1930年代石河干明编辑《续福泽全集》收入《脱亚论》，但他撰写《福泽谕吉传》丝毫未涉笔于此。到了1951年，远山茂树发表《日清战争与福泽谕吉》一文，首次发掘出《脱亚论》，指出：不是作为亚洲一员为亚洲兴隆尽力，而是要脱离亚洲，以亚洲邻邦为牺牲，成为与西洋列强为伍的小帝国主义，在日本民族主义的恶劣传统中，这个罕见的思想家也被冠以“文明”之名。

再到1961年，竹内好在《日本与亚洲》一文中写道：“那个福泽有一个‘脱亚论’主张很有名。按照福泽的世界地图，欧洲是文明的，亚洲半开化，非洲未开化。半开化的国家不赶紧进入文明就不能保持独立，所以不要管邻居。”实际上，远山茂树之后只有两三位研究者言及“脱亚论”，影响仅限于日本政治思想史圈内，但竹内好不愧是文学家，他说有名，“脱亚论”从此真就在社会上有名了。不过，硕学如家永三郎，1963年为《现代日本思想大系》撰写《福泽谕吉其人及其思想》时似乎还不知道有脱亚一说。

1970年以后出版的有关福泽谕吉的读物就成章成节地谈论脱亚了。1980年代岩波书店出版《福泽谕吉选集》，对脱亚论强作新解，意思是福泽本来希望有助于朝鲜近代化，却未能实现，深感挫折，不禁发出脱亚论，要在心里拒绝亚细亚东方之恶友，以免共其恶名。这也给教科书审查官提供了一个借口：此文是福泽因朝鲜民主化遇阻而沮丧之际撰写的，实属例外，不能上高中教科书。平山洋同意这种解读。他写书的目的就是为福泽谕吉洗刷恶名：脱亚思想的核心是排除儒教，福泽从不曾蔑视亚洲。可是，考察一个历史人物，必须把他放回到历史的现场，即便当时被误读，也只好归功或归罪于其人。假作真时真亦假，福泽谕吉就这么起到了历史作用，怕是洗刷也洗刷不出来了。

丸山真男曾说过，主要借助于竹内的影响力，脱亚论家喻户晓。依稀记得我本人是在1970年代耳闻脱亚入欧的，后来也时而随手拈来敲打日本（你不是脱亚吗，脱呀），也该是那位在中国有大名的竹内好影响所致罢。至于研究日本思想史的著述，时至今日，只读过这个平山洋的书，因为是写给一般读者的通俗读物。

江户以至东京

有朋自国内来，看了看东京，说它赶不上北京、上海。这看得没错。我侨居日本，每次去北京、上海都惊艳，日新月异，高楼宽街越来越赶上并超过了东京。其实，东京本来有“世界第一村”之讥。当我们眼光高起来之后，就不必再注意一个城市的表面，不妨像各种老外都爱看北京胡同一样，中国人也应该观光日本的胡同了。不是说幸福的家庭都一样，不幸的家庭各有各的不幸吗？现代化城市也如是，座座差不多，有意思的是高楼背后，或许显得很不幸，有点像弃妇，却能看到一个城市的过去所遗留的姿色，那就是保存着传统及文化。

东京，从法律上说，并不是日本的首都。它原先叫江户，1603 年德川家康当上征夷大将军，把幕府设在这里，执掌国柄，直至第十五代德川将军拱手奉还了大政，让京都的天皇靠边坐了二百六十年。明治新政府打算迁都，但那些嗜好雅的贵族偏安惯了，宁死不走，于是把位于京都之东的江户改称东京，也算作一京。明治2年（1869）天皇东巡，从此不回銮，事实上东京变成了政治中枢。早先叫帝都，1950年以后称之为首都。明治天皇入住幕府将军的江户城宵旰，先改称东京城，再而三改称皇城、宫城，现在是叫作皇居，又历经大正、昭和两代，如今住的是平成的天皇了，充当着国家及国民统合的象征。游东京总该看一看天皇所居，大石堆砌的城墙，下临护城河，很有点气势。四周楼宇林立，这一带是日本经济中心。

虽然是首都，但预报天气并不以东京为天下第一，排名也不打头，一般是由北往南，从地图上看，自上而下，或许当东京人就少了点高人一头的感觉。京城禁制多，告示牌随处可见，最多见的是禁止停放自行车，禁止门前停汽车，此处禁止小便，人们却我行我素，把自行车往站前一放，乘车而去。电车上巴士上总是在广播请不要打手机，以免影响他人，使手机的便利大打折扣。近来为防止不满二十岁的人买烟抽，自动贩烟机装上新机关，凭年龄证明卡才能买，还有能识别相貌年龄的。当然禁止性骚扰，乃至有女性专用车厢，好像男人个个有流氓之嫌。早上的东京很流氓，到了晚上就变成醉鬼。至于东京料理，出名的无非“江户前”寿司。

所谓江户前，指的是江户城前。江户被当作幕府所在之初，人口才两千，德川家康命令臣服的三百诸侯按禄米每千石出民夫二三，来建设江户，大兴土木。他起居听政的江户城濒临海湾，拱卫它建房，只好向大海要地。挖掉一座神田山（夷为平地，后来形成出版印刷集中地，以至于今），填海不止，就填出皇居前面那一大片土地，这才有银座、筑地等。商人见机行商，从江户前的泥淖里捉来鳗鱼，剁成几段，串起来烤烤，卖给民夫们下饭，又用江户前浅海的鱼虾做寿司，渐渐便有了“江户前”这说法。江户人吃鱼爱吃肉色红的鱼，如金枪鱼，而大阪自古以肉色白的鲷鱼为贵；大阪人得意的是少花钱买好东西，而江户人越花大价钱越觉得了不起。

士农工商，武士是领导阶级，多住在叫“山手”的高岗之处，而各行各业的商人工匠住在低洼的街区，人口密集，叫“下町”。山手多坂，下町多桥。工商的社会身分比武士低，但是能经商，有手艺，有的比普通武士更富足。工商业繁荣，自然就贪图享乐，逐渐创造出下町文化。北野武以导演并主演电影闻名于世界，在日本更多见他电视上搞笑，常使用一些东京下町的词语，这种语言以前被山手文化瞧不起。现今人人挂在嘴上的“不好意思”，就本来是商家用语，山手文化的家庭也曾觉得不雅，羞于说出口。所谓“江户子”，土生土长，在他们眼里，从地方来江户驻留的武士都是像地瓜一样土头土脑的家伙，写一些叫“川柳”的顺口溜嘲笑。

至晚在1787年江户人口已多达百万，是世界第一大都市，1962年东京又成为世界上第一个常住人口过千万的城市。江户及东京多数是外来户。在东京住上三代就是东京人，但这种东京人并不多，据说还不足百万，因而东京基本上不具有东京人性格，它的性格是政治的，经济的。一般的说法是东京人冷淡，京都人排外，名古屋人小气。冷淡，可能是东京这类大城市的共同秉性，因为从五湖四海走到一起来，彼此不了解。东京人性急，步履匆匆，电动扶梯要留出一半供他们超越，尽管日本电梯协会告诫：危险，电动扶梯不是这么用的。听说名古屋市营地铁已禁止在电动扶梯上行走；名古屋在爱知县，以前以矢作川为境，分为三河国、尾张国，德川家康是三河人。司马辽太郎在小说《霸王之家》中分析，德川时代的政治本质即来自三河人的心理构造，他们具有很强的封闭性乡土意识及集团性，忠于主子，把日本国当作三河世界，害怕跟外国接触，警惕舶来品，视天主教为妖魔，时当世界史上大航海时代却全盘拒绝外来文化。江户时代闭关锁国，犹如把多是从中国拿来的文化酱在了缸里，便酱成典型的日本文化。

德川家康知道西洋热兵器厉害，他不曾像我大清看出洋鬼子的长腿不能打弯，却看出弹丸只会飞直线，就抓住这弱点，把江户的道路修得弯弯曲曲，让子弹追不上，以至偌大的东京很少有直道。现在的东京，尤其表面上，是东京奥运会以后的面貌。1964 年日本在亚洲第一个举办奥运会，此前东京掀起了美化城市运动，不许乱贴小广告、乱丢垃圾，随地小便的陋习被定为轻度犯罪。还剩下九天开幕，新干线总算开通了。当初叫“东海道新线”，而“新干线”是 1940 年推行“弹丸火车计划”时的叫法，那是个宏伟计划，从东京到下关，经海底隧道到朝鲜半岛的釜山，驰过大陆，直奔柏林。预计十年完工，但 1943 年跟美国打起来，工事中止。或许新干线才是东京奥运会的最大遗产，四十多年过去仍领先于世界。当年夏天不下雨，东京简直像沙漠，人们大喝啤酒，但天公作美，前一天大雨倾盆，洗净了尘埃，10 月 10 日开幕，秋高气爽。后来把这一天定为体育节。甚至有人说，日本的“现代”就是从 1964 年开始。

奥运会过后，1965 年市川昆执导的纪录片《东京奥运会》上映。此片具有纪录片从来没有过的艺术性，在戛纳国际电影节获得国际评论家奖，北野武也说深受影响，但当时负责东京奥运会的大臣河野一郎斥之为缺乏记录性，引起一场到底是纪录片还是艺术片的论争。这部老电影开头是巨大的铁球接连击毁旧楼房的墙壁，作家桥本治看了之后写道：东京奥运会是从彻底破坏在战后废墟上复兴的东京市街开始的。确实，自1960年勃兴建筑热，东京整个笼罩在尘埃中，待尘埃落定，风景完全变了样。过后盘点，奥运会到底谁挣了钱，都认定饭店最挣钱，但实际上入住的客人比预计少一多半，最赚钱的可能是电业，因为天天全国看电视。为了看电视，上班族到点就赶紧回家，结果，又幸福又痛苦的是主妇们。世事轮回，到了1970年代便勃兴“风景论”，人们怀念起东京原来的风景了。东京奥运会那年桥本治十六岁，2007年底出版新著《日本该走的路》，主张把现存的超高层楼房全毁掉，外观上回到1960年代前半。

东京还残存一些1960年代前半甚至更古旧的景观和风情，那要去“下町”，在胡同里寻寻觅觅。窄仄但干净，犄角旮旯也种着花草，或摆放盆花，到处是晾晒的衣物，和眉眼模糊的地藏菩萨，不时窜出一两只眼睛贼亮的猫。东京的绿色比京都多。有一种叫染井吉野的樱花，是江户年间培植的，东京都拿它作都花。不过，江户气质更多的是被人描写的，而非现实，特别是所谓“时代小说”，卖点每在于描述江户的人情世故。正如对樱花的印象，我们多是从书本上读来的，并非当今日本人的普遍情怀。

东京站的红砖“驿舍”建成于第一次世界大战开战之年，面对皇居，相距一箭之遥。1945 年被美军空袭焚毁，战后重建为二层，小了一圈，2008 年动工复原为三层。有人说，现在的车站已经是历史，不也很值得保存下去吗？重建，也是一种造假。真的要复旧，那里本来是一片海。

另半个漱石

江户热在日本已热了好多年，甚至还搞起江户文化历史测验，虽然合格证的用处不过是打折几处博物馆门票。有调查统计，对于历史上各个时代，1983 年 39% 的人热爱二战后，16% 喜好江户时代；而 2007 年前者下降到 27%，后者上升为 24%。此外，所好依次是平安、战国、明治各时代。

1603 年德川家康就位征夷大将军，在江户开设幕府，自此二百六十几年，史称江户时代。萨摩、长州诸藩用王政复古的旗号推翻幕府势力，天皇复辟，1868 年江户改称东京，翌年明治政府从京都迁到这里。新朝自然要抹黑前朝，说江户年间等级森严、苛捐杂税、闭关锁国，以示政变夺权的正确。年代渐远，不满于现实则好古，人们把江户时代说成一朵花。美化它长久和平，以至经济发展，文化繁荣，工艺精湛。有人讥之为江户幻想，不过，日本生活及文化的所谓传统，基本是这个时代定型的。文学方面产生了芭蕉，甚至捧他为俳圣，然而在当时，最高雅的文学是汉文学，芭蕉乃下里巴人。

江户时代之前，15世纪末至16世纪末的一百年，群雄割据，被称作战国时代。武士横行，以下犯上是常事。德川家康执政后，重用藤原惺窝等儒学家，以儒学为幕府官学，对无异于强盗的野蛮武士进行思想改造，修身养性，尽忠于主子，奠定了太平天下的基础。那时候语言文化是三层结构：上层知识阶级、学者使用纯粹的汉文，中间的官僚阶层使用和式汉文，亦即洋泾浜的官样文章，下层民众使用土语。若不能读写纯粹汉文，不仅不能当汉学家、国（日本）学家，也当不了兰学家，例如杉田玄白等迻译的《解体新书》是兰学名著，译文为纯粹汉文。被美国炮舰敲开国门，签署《日美和亲条约》用和式汉文，半文半白，中国人看着莫名其妙，但是有窍门，所以梁启超们那时真可以日文百日通。现代日语以土语为基础，学起来就少了捷径。我大清衰败，汉文也随之丧失普遍语言的地位，到了昭和天皇读诏书宣布投降时，很多人已经听不懂汉文调日文，还以为他亲口下令一亿玉碎，抗战到底呢。

日本拿来中国的汉字，并不把它当外文，而且不仅照搬发音，还对号入座，硬安上自己的念法，或许因而不曾有朝鲜、越南的那种郁结。汉文在日本历史上有过两次黄金时代，即遣唐使时代和锁国的江户时代。德川家康始作俑，儒学家林罗山等奉命用金属活字大量印刷汉籍，武士阶层以及上层的市人农民热心学习纯粹的汉文。幕末致力于维新的西乡隆盛、坂本龙马、伊藤博文属于下级武士，都作得来汉诗。夏目漱石生于1867年，正好是十五代德川将军把大政还给天皇家那年，翌年改元明治。同代有森鸥外、二叶亭四迷、内村鉴三、西田几多郎等，他们是“素读”（不问意思，诵读字面）四书五经的最后一代人。永井荷风比漱石晚生十二年，是最后一个具备汉学素养的文学家。又晚生三年的谷崎润一郎虽然作品里洋溢遣唐使时代的文学气息，但读写汉诗文不能与荷风同日而语。

夏目漱石是日本近现代首屈一指的文学家。其作《少爷》被改编为电影五次、电视剧十一次，无一成功，究其原因，小说家、剧作家井上厦说，因为这个小说妙在文章上。如此了不得的文豪，却是三十八岁发表《我是猫》出道，四十九岁就病故了，一生中更长时间当英语教师。本来爱好汉诗文，但时当“文明开化”，学汉学没有出路，转而学英语，专攻英文学。“犹如上了英文学的当”，大失所望，路也只好走下去，毕业当英语教师，而且被高薪聘到松山的中学（校长月薪六十，他八十，以至被叫作八十元先生），所幸后来取材于这段生活，创作了脍炙人口的小说《少爷》。三十三岁公派留学，省吃俭用地买书苦读，越读越认定彼我文学语言不同，而诉诸感性的趣味（taste）不同造成不可理解。郁闷伦敦两年半，甚至被当作精神不正常。回国后，东京帝国大学解雇小泉八云，聘他为讲师，讲授英文学概说。把讲义题为《文学论》出版，在序言中写道："废读书而又思虑，资性愚钝，且由于专攻外国文学也学力不足，未达至会心之域，遗憾之至。征之过去，余之学力此后也未必提高。""余于汉籍并非有根底深厚之学力，但自信能充分品味。""汉学所谓文学与英语所谓文学是终究不能概括于相同定义之下的不同种类的东西。"精神世界终于与西方格格不入，更自觉了身上传承的东方，于是在不惑之年辞去教职，从"帝大下野"，专事写作。

二十三岁那年的暑假，漱石和学友出游，归来写了一册汉诗文《木屑录》。生命最后一年的后半，每天上午写《明暗》，下午作汉诗。这个小说在报纸上连载一百八十八回，病故而未完，汉诗写了七十五首。为什么作汉诗呢？他四十三岁患大病，愈后曾写道：平常忙忙碌碌，连简易的俳句也不作，汉诗更懒得动手。但病中这么远远地观看现实世界，心绪杳渺，毫无芥蒂，唯有这时候，俳句自然涌出，汉诗也乘兴浮起种种灵感。过后回顾，这就是自己生涯中最幸福的时期。可用来盛风流的器具，除了无规则的俳句和佶屈聱牙的汉诗之外，不知日本可还有什么发明。漱石写小说是“俗了”，俗不可耐，用汉诗创作来回归自我，表现自我。汉诗是他的本质，所达境界的结晶。他一度是英语教师，以小说留名青史，但终生是汉诗人。

多年前岩波书店出版《夏目漱石全集》，共十八卷，我只买了其中的一卷《汉诗文》，这是无须懂日语就能读的，偏得了我们中国人。日本人却几乎不再读漱石的汉诗，譬如文艺评论家秋山骏说他跟任何人一样爱读漱石，所有的小说，然后是随笔、讲演、书简之类，未提及汉诗。简直可以说，他们只知道半个漱石，另一半，汉诗的漱石留给了历史。古井由吉是小说家，作品《假往生传试文》被评论家福田和也打了最高分，与村上春树的《发条鸟年代记》并肩，他年过四十认识到自己作为用日语写东西的人欠缺汉文素养，于是读唐诗，读漱石汉诗，说：明治的文学家、文化人以及政治家扎实地具备汉文式文脉，所以在某种意义上远远比后来的大正、昭和、平成时代语言明快，语言的决断也一清二楚，能明了地表现。相比之下，我们的话语很暧昧，不得要领。

汉诗有格律的束缚，凝聚并深化所思所感。本来具有音乐性的平仄在日本汉诗中变成了无声的法则。漱石汉诗偶有

“和臭”（不合乎地道中文的日本式遣词造句），但无碍大观，在日本千余年汉诗史上是一座高峰。他最后的汉诗是一首七律，云：真踪寂寞杳难寻，欲抱虚怀步古今。碧水碧山何有我，盖天盖地是无心。依稀暮色月离草，错落秋声风在林。眼耳双忘身亦失，空中独唱白云吟。

大正浪漫

时值辛亥革命一百年，两岸共庆，热闹了一番。说来日本也有个迄今上百年的事儿，那就是大正这个年号。

日本的年号都取自中国古典，大正是《易经》中的“大亨以正，天之道也”。从1912年7月30日到1926年12月25日，只有短短十五年。我是昭和末年东渡日本的，看见了昭和天皇驾崩，平成的天皇登基，今年是平成二十三年，所以仍可以说，大正是日本历史上最短的朝代。

大正也给过我们中国人一个刻骨铭心的记忆，那就是1915年的“二十一条”。历史小说家司马辽太郎说：日本的狡猾这一元素在大正时代全都备好了。大正时代的日本干了凭日本以前的器量决不干的两件事：一是大正四年的对华二十一条要求，二是大正七年出兵西伯利亚。

大正就好像明治的尾，昭和的头，这样的过渡时代往往是混乱的，而混乱当中可能有自由，以至年月虽短，却别有美称，叫大正浪漫，也叫作大正现代化。浪漫这个词，我们使用的意思据说是夏目漱石制造的。受欧洲浪漫主义的影响，追求个性解放，理想主义洋溢，人人有梦想。一时间，自觉、自立、自我、自爱、自决、自活、自由之类冠以“自”字的词语风行于社会。

怎么个浪漫呢？近来我国出版好多种竹久梦二的画，还有金子美铃的诗，他们就正是大正浪漫的产物，最典型的大正浪漫。梦二画美女出名，美女们瞪大了眼睛，却是迷茫的，都像在做梦。美铃的诗更是天真烂漫，那一颗童心穿越时空，八十年后感动着大海西边的中国读者。川端康成探访过梦二家，他很有少女情结，作品每每以十六岁的美少女为原点，也创作过少女小说。所谓少女，这是个近代概念，古代只有女人和女孩，即能用的女人与尚不能用的女人。川端的日本情趣很大程度是少女情趣，日本人喜好漫画也不无这种心理。江户时代就有了《北斋漫画》，这个“漫”是漫笔的漫。明治二十八年（1895）有人把英语词 comics 译作漫画，但真正当作一个新的表现形式，当作一个新词，是到了大正时代。

日本的传统文化基本是江户时代定型的，而现代文化大都肇始于大正时代。譬如在全国兴建动物园、植物园、水族馆，最早的私人美术馆是东京的大仓集古馆，大仓喜八郎于大正六年（1917）兴建，银座第一家百货商店松屋是大正十三年（1924）开张的。大正八年（1919）女学生穿上海军服，现在仍然是女中学生制服的主要样式，被看作日本漫画的亮点，甚至是日本文化走向世界的一个符号。大正文化是城市文化，用钢筋水泥建造的楼房是城市文化的表象。古旧的木屋不断地消失，永井荷风用随笔记录江户及明治的遗迹，但他四下里寻寻觅觅，也要借大正年间奔驰起来的电车代步。明治的口号是文明开化、富国强兵，昭和的口号是鬼畜英美、一亿玉碎云云，1945 年昭和天皇宣读投降诏书，用的是二十年前的大正十四年正式开始的无线电广播。

大正时代还有一个更亮眼的称呼：大正民主。与明治时代相比，大正时代在政治、社会、文化各方面呈现出民主主义、自由主义的倾向和氛围，1954 年政治史学者信夫清三郎出版《大正民主史》，使这个说法普及开来。史学家家永三郎在自传里写《大正民主时期的教育和我》，对当时的自由化教育怀恋依依。不过，当年大正民主的理论指导者吉野作造却是把 democracy 译作民本主义，因为以民为本，是自古以来的儒家思想，与大日本帝国宪法不抵触，而民主主义则主权在民，其含义威胁到天皇大权，这思想就危险了。吉野在袁世凯家当过家庭教师，曾留学欧洲，任东京帝国大学教授的大正五年（1916）在杂志上发表长篇大论，论说民本主义，主张政治的目的在于民众的福利，政策取决于民众的意向。大正九年（1920）日本第一次过五一国际劳动节，万余人在上野公园集会庆祝。这一年以“平民宰相”原敬为首的政党内阁上台，进入了鸟政府人人做得的政治时代。

明治维新以后，日本由农业社会向工业社会发展。农村人口仍过半，但人们的意识都志向城市。东京、大阪等大城市形成中产阶级，“上班族”、“职业妇女”这些词使用开来。衣食住行西方化。暴发，日语叫成金，点石成金，书法家暴发，叫墨迹成金，那些股票成金、赛马成金像童话一样使人们的梦都是金色的。媒体转向以社会版为主，越来越娱乐化。文学商业化，产生了“大众文学”。出版与媒体联手，汪洋大海般制造大众读者。大正十一年（1922）《周刊朝日》创刊，延续至今；十二年《文艺春秋》杂志创刊，现今仍然是月刊杂志的龙头老大。关东大地震过后的大正十三年（1924），《每日新闻》和《朝日新闻》两报宣称发行量达到百万份。侦探小说的主要阵地《新青年》创刊于大正九年（1920），起初是一种以青年为对象的修养杂志，由于江户川乱步登场，发表了《二分铜币》，变身为现代主义杂志。城市大众文化形成时期具备了侦探小说发展的两个条件，即城市和科学的方法。侦探小说给城市带来新的社会观和人际关系。

然而，大正时代并非一味地浪漫，也充满矛盾，而且越来越尖锐。城市更大，农村更穷。对城里一切向钱看的冷酷的人际关系不满意，那你就滚回乡下去。人们抱怨政府，期盼铁腕人物，于是民主玩完了，像雪崩一般倒向了法西斯主义。改元昭和，半年后（1927）文学家芥川龙之介仰毒自杀，因为“对将来感到漠然不安”。

司马辽太郎的战车

一位持美国绿卡的中国学者在香港杂志上撰文指斥日本人，说小鬼子向来欺软怕硬。这种说法似乎是中国人的常识，仿佛话里话外还含了些委屈，委屈好像有两层：一是他妈的，猫教老虎，徒儿打起老子来了；再是他妈的，都是那个满清婆娘西太后给搞的……

说日本人怕硬，话柄之一是战后日本对美国的奴颜婢膝。欺软，事例就往往举出甲午战争。说到这场战争，研究“高级日本人”的评论家松本健一不承认日本人是柿子专拣软的捏。依照他的说法，当年中国海军拥有定远、镇远两艘战舰，都超过七千吨，而日本没有一艘这般的巨舰，中日战斗力对比是五十一比六。中国并不软，但日本不怕硬，明知山有虎，偏向虎山行。松本得意之情溢于言表。想来那些托鸟笼啜香茗的大清子民也不觉得自己软：蕞尔小国，谁也领导不了，有时连自己都无法领导。日本人历来视中华帝国为庞然大物，战而胜之，使他们举国若狂，总算从中国的阴影里挣脱了出来，从此才有了自立于民族之林的信心。

平成也过去十年了，最近重读司马辽太郎的《“昭和”国》。此书是十二回电视“杂谈”的记录，死后被编辑出版。关于那场太平洋战争，他说：人死了很多，不论怎样考虑，那是街上卖豆包的老爷子或修理收音机的老爷子决不干的事。感觉健全的话，就会考虑铺子的规模。可是，整个国家却干了这种蠢事，包括军人在内的官僚搞了战争。

司马经常讲自己的战争体验。他二十三岁的时候，日本已面临危亡之秋，他的战车队由中国东北调回日本关东地方，准备迎击从东京湾或相模湾登陆的敌军。“敌军战车迟早出现在窥视孔的视野，我等着，敌军战车出现的瞬间就是我丧命的瞬间。日本的战车太古老了，钢材远远比敌军的薄，炮也过小，擦不伤敌人一块皮。”（见随笔集《历史中的日本》）天皇终于宣布投降了，司马钻出战车，痛感这场“不怕硬”的战争纯属扯淡。

日本人喜欢开历史玩笑，甚至搞恶作剧。在太平洋战争中，日军曾制造一种气球炸弹。纸的，直径约十米，下面挂上炸弹，顺风漂洋过海，要用它把美国炸个稀巴烂。战争末期放出九千来个，但只有一成飘到美国附近，毫无效果。更有甚者，一些军人垂死挣扎，祭出“火箭推进式自杀飞行炸弹”——飞机把炸弹带到目标附近投下，然后由关在炸弹里面的人操纵，冲向目标。不管能否同归于尽，反正是有去无回。美国航空技术情报部人员对这种炸弹进行了调查分析，名之为BAKA（傻瓜）。时过三十年，日本的设计制造者得见美国当年的报告，惊叹“比我们的设计书更详细”。

司马辽太郎在《“昭和”国》里还谈到昭和十四年（1939），日军在中蒙边界被苏军机械化部队打得落花流水，死伤率高达百分之七十五。这个数字在世界战史上是没有的。一般按欧洲的做法，死伤百分之三十，将军就可以不待上峰的命令而率军撤退。日本搞了这种战争，两年后又搞了太平洋战争，全然不是有常识的国家领导者所思所想。苏联武官观摩日军的大规模军事演习，大为不满：“你们糊弄我，搞的是日俄战争的模拟演习。”原来日军在昭和时代还使用着与日俄战争年代相仿的“古董兵器”。从昭和元年（1926）到二十年，日本没有几种能往国外卖的产业。昭和之初发生大恐慌，而后财政、经济问题多多，是一个穷国。“这样的国家却变成一大侵略国，为什么采取如此矛盾的行动呢？”司马问日本人。

欺软怕硬是一条游戏规则，但日本人办事也未必量力而行。

白旗从何时竖起

20 世纪是视觉世纪，留下数不清的图像供人们回顾、反思，但不可能留下一切，而且，拍摄之际历史就已经被选择加工。譬如有一帧麦克阿瑟手握锤子形的竹烟斗走下飞机舷梯占领日本的全身照，如此历史性场面是他精心策划的。当时日本人默默抵抗，各报翌日没把他驾临的消息登上头版，也没登这张颇具象征意义的图片。

比起胜利者的堂堂威容来，更令人震撼的是另一帧照片，被题为白旗少女。留影的是一个六七岁的女孩，赤着脚，右手握树枝，搭在肩上，展开三角形白旗。她左手遮脸，似乎惊恐对准她的镜头，不由得做出女星们躲避曝光似的动作（纪录片可见，她是在挥手）。这是美军攻占冲绳的记录，和二十多年后越南九岁女孩赤裸奔逃美军轰炸的照片同样惊心动魄。悲惨历史的创造者也都被摄入画面，无论胜败，他们应该很难堪。

举白旗的冲绳女孩叫比嘉富子，战火纷飞，她躲进岩洞，里面还藏匿着一对老夫妇。他们把兜裆布撕下一截，系在树枝上，老爷爷告诉她：出去罢，举着它，就不会开枪。比嘉富子活了下来。四十多年后，一个叫松本健一的评论家在冲绳听说了这段“佳话”，蓦地想：用白旗表示休战或投降是西方的游戏规则，这老者如何知道的呢？

虽然8世纪成书的最古老的正史《日本书纪》多处写到竖白旗降伏，但日本人脑海中更鲜活的历史印象是源家军用白旗，最终剿灭用红旗的平家军，“天下缟素”。源赖朝12世纪末叶在镰仓开设幕府，另立中央，天皇从此靠边站。白与红这两种颜色在文化传统上成为对抗的标识，楚河汉界，小学运动会分作红白两队比赛。日本“春晚”叫红白歌合战，女为红组，男为白组，赛歌似的唱到夜半庙里响钟声，例行六十回，越来越不招人看。上世纪90年代评论家钩沉史料，不由得惊呼：白旗的用法是美国人教给日本的。

从麦克阿瑟的左脚踏上日本土地的历史瞬间上溯近百年，1853年，美国东印度舰队司令彼理（汉字名也写作伯理）率四艘战船黑压压敲打日本国门。欧美船舶为防腐防漏而通体涂黑，被称作黑船，有别于唐船（中国船）。当彼理第一次眺望富士山的时候，日本渔民第一次看见蒸汽船。惊醒泰平梦，街上有人拉起大板车出逃。彼理携来美国第十三任总统菲尔莫尔的国书，写道："我本来知道日本从来的制度，除中国及荷兰之外，禁止与外邦交易。"彼理并非头一个叩关，此前常有外国船要求通商，美国也已经第三次来航，但唯有"合众国第一等之将"这次来，终于打开了日本闭锁二百余年的门户，奥妙何在呢？

江户幕府的宰相阿部正弘知道十年前大清帝国惨败于鸦片战争，心下明白日本对外开战也毫无胜算。即便打退了，也只怕如辅佐幕政的水户藩主德川齐昭所言，美国舰队会占据小笠原等岛屿。舰队有大炮六十三门，其中加农炮四十二门，而江户湾炮台近百门炮的威力小得多。旗舰为二千四百五十吨，著有《海防八策》的兵学家佐久间象山亲眼所见，日本船只好似"大盥之下一些小蛤蜊"。鸦片战争后，幕府已经改外国船一律驱赶，上陆则逮捕、射杀的方针为供给外国船薪、水及食物，但仍然只许在长崎一地与外国交涉。

彼理的《日本远征记》记载：舰上人员各就各位，步枪在手，炮弹上膛，做好了临战准备，驶入江户湾（东京湾）入口的贺浦海面。日本守关人员驾船来交涉，冒称高官，要求美国舰队掉头去长崎。舰长出面，断然予以拒绝，限时三天，不答应在此地递交美国总统致日本皇帝的国书，就直抵江户城下。松本评论家推测，就是在这时，美国人还拿出两面白旗，附一封彼理的信函，即所谓“白旗书简”，交给日本人。书简有云：先年以来，各国要求通商，日本以国法相拒，实乃违背天理，罪莫大焉。若不应承，则以干戈讨伐违背天理之罪。日本也不妨应战，但我稳操胜券，到时候要乞和，就打出此度赠送的白旗，我方即停止炮击，撤退舰船，以致和睦。

阿部正弘咨询众议，阁僚们先是嚷嚷固守锁国的幕府祖法，把美国舰队赶出去，可又一转念，轻率拒绝启兵端，陷国家于危难，非我国之长计，不如忍辱，先接了国书，把他们打发走再说。彼理率三百人在久里滨（今属横须贺市）上陆，旗舰鸣炮十三响。沙滩上搭设了帐幕，两名主管江户湾进出的官员会见。美国国书装在纯金匣子中，幕府收受的匣子是朱漆的。交接之后，幕府方面拿出事先准备好的“收条”，上面写着外国事务本该在长崎办理，但美国使节说这是侮辱，无奈，将军只好委曲了日本法律，在这里接收，完事之后请立马离去。彼理听了通译，沉默片刻，说两三天就走人，但明年还要来，带更多的舰船。会见约二三十分钟，日本官员自始至终一言未发，“以心传心”。舰队回航，强行在琉球修建贮煤场。转年春暖，彼理果然又来了，带来九艘舰船，在神奈川缔结“旨在两国人民交亲”的《日美和亲条约》，翌年在伊豆半岛的下田交换批准书。这是日本签署的第一个不平等条约。匪“夷”所思，久里滨建立“北美合众国水师提督伯理上陆纪念碑”，是首任内阁总理大臣伊藤博文题写的。下田把游船做成黑船模样，仿佛当年，还年年举办“黑船祭”活动，载歌载舞。

评论家从故纸堆里翻出“白旗书简”，史学界不予理睬。十年后扶桑出版社写进新编历史教科书，这才有人站出来驳斥“白旗书简”纯属子虚乌有，不能用瞎话教育下一代。不仅《日本远征记》未提及，而且，若真有其事，日本军政府咒骂欧美是鬼畜的年月岂能不拿出来，当作国耻以煽动民心。传闻山本五十六志向海军，就为报彼理来航之仇，日后指挥了偷袭珍珠港。课本编者们煞有其事，强调欧美列强的威胁，意在警今：日本需要“自卫”，修改和平宪法，重新武装。至于美国搞的是炮舰外交，论争的双方则看法一致。

彼理赞赏江户湾风光“胜过英国的田园风光”，给各处起英文名。随舰的德国人画家海涅画了不少风景画，其中有测量船，肆意测量日本的港湾，“船首挂白旗，以示和平之意图”。凭日本人的黠慧，很快就弄清白旗的西方含义，既用以谈判，也示之降伏，由此造出了白旗谣言满天飞也说不定。吉田松荫曾乞求彼理偷渡他出国，应清楚当时情况，他不相信有恐吓信，但是说，传闻彼理一走，官吏就在码头上焚烧了他的赠品，估计烧掉的是白旗。或许没有书简，而白旗是有的，美国人口头教日本人用法，也足以胁迫。

打出白旗是投降，往往也就是和平之始。据松本调查，日军在“大东亚战争”中从未举过白旗。老照片还是看得少，一时也想不起实例，而电影上的情景属于艺术创作罢。

一手菊花一手刀

时常看见一张老照片，是盟军总司令麦克阿瑟将军与日本天皇的合影：高大的麦克阿瑟一身便服，没有系领带，双手掐腰，身穿大礼服的天皇站在他一边，扬着小胡子，又瘦又小。这是日本投降后的9月27日。天皇陛下为命运惶惶不可终日，他的忠实臣民已开始抢购《日美会话手册》；这本只有三十二页的小册子畅销三百六十万册，创造战后出版史第一个奇迹。天皇到美国大使馆拜会麦克阿瑟，交谈三十五分钟，合影留念。他们谈了些什么，天皇至死不说，麦克阿瑟回忆：给天皇点烟时我发觉他的手在颤抖。天皇说：我对国民进行战争时在政治、军事两方面采取的所有决定及行动负全部责任，为此来拜访，把自己交给你所代表的诸国裁决。这一瞬间，我觉得面前的天皇是日本最好的绅士。手握铁锤似的烟斗，麦克阿瑟从此对天皇改变态度，不同意追究其战争责任。独领战后思想界风骚的丸山真男说，日本人在报纸上看见这张照片的瞬间，彻底失去了自信。

三个多月后的1946年1月，天皇下诏，宣布自己不是神。同年，鲁思·本尼迪克特在美国出版《菊与刀》，1948年日本翻译出版（本文的引文据日译本转译）。当时，日本不了解美国，不了解美国人，满怀疑惧，也许要扼腕：突袭珍珠港之前怎么没想到写一本“鹰与原子弹”什么的。政府指令各地开妓院，迎接美国大兵，并晓谕女人们，穿着检点，万勿在人前袒胸露乳，但美军进驻就下令废除公娼，真教日本人搞不清他们到底是怎么回事。对于日本人来说，切身之所急，急急如律令，不会是从镜子里观看自己的嘴脸，而是千方百计认识他们曾骂作鬼畜的美国人，所以《菊与刀》犹如及时雨，写的是日本人，但处处比照美国人，正好拿来当教科书。况且还史无前例地给日本文化抽象出一个模式，与美国文化乃至西方文化相提并论，更叫日本人惊喜，甚而鼓起了被那张照片打垮了的自信。

本尼迪克特是文化人类学家，写作《菊与刀》的基本手法是现场调查与比较研究。她不曾踏上日本，所谓现场是从侨民、战俘听来的，书本读来的，电影看来的。写日本无须身临其境似乎是美国人的绝活儿，《蝴蝶夫人》把艺伎张扬全世界，原作者也从未见过日本。本尼迪克特居然采集了这么繁多、琐碎而真切的生活细节，读来几乎有应接不暇之感，怕是日本人也未必写得出。不过，正如我们中国人常说的，到了国外更爱国，人们往往在记忆中不由自主地强化远去的事物，美化以往的一切。《菊与刀》是探究日本其国其人的经典之作，我们迟了五十年才逡译，也不可急急于赶时或汲汲于应景，经典要当它是经典，最好由研究者操刀，用注解指出问题所在，如日本军队不使用敬语之类，以免误咱国人。当年日译本问世，一些日本学者起而攻之，其中固不乏感情抵触，但毕竟是他们家里事，总该看得更明白。日本人说的就不爱听，偏要站在美国人一边，这书就读得没意思了。本尼迪克特进行比较时，莫怪日本人抱怨，她是以美国人完美无缺为前提的。

“我们要努力理解日本人的思想习惯、感情习惯以及这些习惯被注入其中的铸型（模式）。”于是，本尼迪克特通过恩情义理等解析日本人的思想与行为（蓦地想起：什么什么思想与行为，这个说法出自丸山真男笔下，一度成为流行语。有趣），论断日本文化是耻文化类型。日本人津津乐道这个耻文化，至今不失新鲜感。本尼迪克特说，“运用人类学研究各种文化时，重要的是区别以耻为基调的文化和以罪为基调的文化”。可见，这是把日本文化归属于以耻为基调的文化，并非特别由日本文化归纳出一个独特的人类文化类型。就耻感或知耻来说，作者从日本文化中发现的基本是中国的儒教观念，只是日本人没有把“慎独”学到家罢了。我就想，倘若把这部书输入电脑，再把日本人全置换为中国人，说不定我们也可以一读到底，当然也会像好多日本人一样提出异议。“耻”文化模式后来竟成了“模式”，论客竞起，都试图用一个字论定日本，如“甘”，如“缩”，如“侍”，见仁见智。

如书名所示，贯穿全书的，也就是贯穿日本人思想与行为的，是菊与刀的矛盾，即二重性。作者说：“菊与刀都是一幅画的部分。日本人极具攻击性，同时又老实；尚武又唯美；倨傲不逊又彬彬有礼；顽固又富于适应性；温顺又厌烦被人驱使；忠实又不可依赖；勇敢又怯懦；保守又欢迎新事物；他们非常介意别人怎么看自己的行动，同时，自己的劣迹不为人知时也深受罪恶感折磨；日本兵被彻底训练，却还是不听话。”（日译似有误，此处参考英文版翻译）说来我们古人早就看出日本人具有二重性，例如唐人包佶写诗送日本国聘贺使晁衡东归，有云：野情偏得礼，木性本含真。1937 年周作人管窥日本，说：“近几年来我心中老是怀着一个大的疑情，即是关于日本民族的矛盾现象的，至今还不能得到解答。日本人最爱美，这在文学艺术以及衣食住行的形式上都可看出，不知道为什么对中国的行动显得那么不怕丑。日本人又是很巧的，工艺美术都可作证，行动上却又那么拙。日本人喜洁净，到处澡堂为别国所无，但行动上又那么脏，有时候卑劣得叫人恶心。”

为什么日本人做事是二重的，两面的？本尼迪克特认为这种矛盾产生于他们小时候所受教导的不连贯性。像漆器一样，岁月给日本人涂上一层层漆，但是，“他们是自己的小世界里的小神的时代，甚至能尽情撒娇的时代，似乎任何愿望都能够实现的时代，在他们的意识中还留有深深的痕迹。由于二重性如此之深地扎根在心里，他们长大成人以后”，便表现出“既沉迷于浪漫的恋爱，又易如反掌地无条件服从家里的意见。既沉湎快乐，贪图安逸，又为了完成极端的义务而无所不为”之类的现象，令西方人瞠目。其实，我们中国人对此也瞠目。究其原因，我以为是历史进程造成的——日本刚刚走出原始社会，旁边已备下一个过于发达的中国文化，兼收并蓄，结果就弄成了这个样子。汉字与假名并存，语言的二重构造对二重性格的形成尤具有莫大影响。兔子急了也咬人，个人乃至民族都具有二重性。丰子恺说：“我自己明明觉得，我是一个二重性格的人。一方面是一个已近知命之年的、三男四女俱已长大的、虚伪的、冷酷的、实利的老人（我敢说，凡成人，没有一个不虚伪、冷酷、实利）；另一方面又是一个天真的、热情的、好奇的、不通世故的孩子。这两种人格，常常在我心中交战。”不过，日本二重性自有其特色，那就像他们的书刊既有横排又有竖排一样，是摆在明面的。诚如《菊与刀》所言，“日本人能毫无精神痛苦地从一个行为转变到另一个行为”。上班西装革履，下班又坐卧在塌塌米上，既拼命工作，加班以至过劳死，又尽情喝酒唱卡拉OK，不遮不掩，丝毫没有远庖厨的念头。倘若在中国，过去竖排是过去，要改为横排就一律横排。我们的二重性是阳一套，阴一套，当面是人，背后是鬼，满嘴仁义道德，满肚子男盗女娼，领导在和领导不在不一样，另一面隐藏着，看上去只是一面，道貌岸然。中国人在二重之间有追求，追求中庸、统一，虽然终归是心向往之罢了。日本的二重性行为是并列的，不会在心中交战，不会像周作人那样“像一个钟摆在这中间摇着”。周作人终于没看出日本人把二重性并列于外，说：“我们要觇日本，不要去端相他那两当双刀的尊容，须得去看他在那里吃茶弄草花时的样子才能知道他的真面目，虽然军装时是一副野相。”把野相看作表面现象，把吃茶弄花草看作本质的真面目，结果周作人就跟着一副野相的人吃茶去了。

每当看见麦克阿瑟与天皇的合影，就油然记起这位老兵的话。他说：“要是用现代文明来测定，我们四十五岁，日本人就像是十二岁的少年。日本人能接受新模式、新思考，给日本灌输基本概念是可能的，他们天生具有灵活接受新概念的素质。”当年在处理战败的日本上美国很有点大人样，日本也真像孩子一样听话，顺从大人的霸道，但孩子会长大，而且暴富，对美国大人就开始说NO了，似乎尤其有杀父情结。从二重性来说，这是日本人本来具备的，小荷才露尖尖角。

英国派头

多年前日本出版了一本书，叫《英国很好吃》，把不少人读得对英国菜刮目重看。不过，后来流行的并非英国大菜，而是下午茶，这似乎证明英国菜肴到底不行，而主妇们有闲，下午喝喝茶却是再合适不过了，显得很文化，很淑女。

英国菜肴缺乏想象力，这是世界共识。对此，英国作家吉辛极力辩护，说红茶具有英国式款待精神，英国人品尝的喜悦是中国人从中国茶连万分之一也得不到的。这话并不错，正如同中国各种茶具有中国式款待精神，中国人品尝的喜悦是英国人从红茶连万分之一也得不到的一样。文化首先是自得其乐。法国有好菜肴，而英国有好规矩，规矩出一种绅士派头，这才是日本人所欣赏的。白洲次郎在日本战败之初敢于抵抗不可一世的美国占领者，就靠了英国的绅士派头，并不是三岛由纪夫大肆鼓吹的武士道。

白洲次郎是富家子弟，过了一辈子幸福生活。开名车，打高尔夫球，为人潇洒，据说是日本第一个穿牛仔裤的人，也爱穿喇叭裤。十九岁时留学英国剑桥大学，学习中世史，八年后回国。吉田茂就任外相，擢拔白洲为终战联络事务局（担当政府与占领军总司令部之间的交涉）顾问，指望他“败于战争而胜于外交”。两人深交，是吉田担任驻英国大使的时候，据说吉田就任外相是白洲私下活动的结果。被美国占领，日本人由不知天高地厚变成低三下四，占领军给美国政府打报告，说白洲次郎是唯一不顺从的日本人。他说日本话口齿不清，甚至因此没当上大臣（无法在国会上答辩），但说起英语来一泻千里，麦克阿瑟的股肱不由得恭维，他却回答：你的英语再练练也会提高。白洲瞧不起美国，本自英国对美国暴发户的鄙视，英国教育给了他骨气与底气。

1951 年日本与美国单独媾和，赢得独立。吉田茂前往旧金山缔约，任命白洲为媾和会议首席全权顾问。外交官员为吉田起草了英文演说，他让用日文重写，官员说这可是占领军修改过的。白洲勃然大怒：现在媾和了，我们终于能够跟战胜国平起平坐，这大喜日子的演说居然和对方商量，用对方的语言，哪个世界有这种混蛋！他还把日文演说用毛笔写在宣纸上，吉田茂展读三十米长卷，记者们惊奇日本总理读手纸。紧接着签署《日美安全保障条约》，被美国安排在简陋的下级军官会议室，则像是警告日本别得意忘形。

白洲次郎在1956年第12期《文艺春秋》杂志上撰文，有这样的见解："美国人凭那种纯真的简单不承认中共。美国不承认，中共这个国家也存在。不要总是盲目追随美国，这类问题要率先让美国充分认识中共存在这一事实，需要有这么点气概。东方问题抛开中共则无从考虑。"

他活了八十三岁，卒于1985年。遗言不搞葬礼，不要戒名。"我们是战败了，但不是变成了奴隶。"这话说得很硬气，惜乎没刻到墓碑上。

俳句日本论

俳句是世界上最小的诗型；如果说中国的绝句是截取律诗的一半，那么，日本的俳句只掐下俳谐连歌的排头，是春荼，是小荷才露尖尖角。其实，两句的对联，甚至一句五言诗，如“池塘生春草”、“鸟鸣山更幽”，也具有独立而完整的诗感，只不过中国人未加以定型罢了。

俳句之小，让韩国学者李御宁生成一种文化论，认为日本人的取向是“缩”。看看东京街头，满街的人都备有手机，那么小，真教人觉得日本人确实把什么都往小里缩。他们擅长把人家创造的东西加以改良改善，往往就表现在缩小上。大规模集成电路是美国的杰作，而将其无限也似的缩小密集，是日本的拿手戏。李御宁说：俳句是短的诗，但特色不单在这一点。企图把广大而朦胧的世界缩而小之，即造就小小的巨人，在这一点上有独特的美学。“春雨哟，小矶小贝壳，湿漉漉”（芜村），从大海到小矶，从小矶到小贝，空间缩将下去，而春雨把海与贝的空间融为一体。由此，李御宁感到“俳句的空间是微末之物弄响整个宇宙的高集成电路”。

诗有别于散文，首先在于字数少，文字空间大面积省略，那些空白之处不是他国人能随便用想像来填补的。俳句过于短小，内容简略，意境含蓄，连本国读者也必须依赖解说才得以会心一笑，以至一向有不可译之说。例如周作人，说“日本的俳句，原是不可译的诗，一茶的俳句却尤为不可译。俳句是一种十七音的短诗，描写情景，以暗示为主，所以简洁含蓄，意在言外，若经翻译直说，便不免将它主要的特色有所损毁了”。不过，此类主张往往出于维护日本文化的所谓独自性，有意无意地抹杀以中国文化为基础的东方文化共通性。带刺的玫瑰也要采，即使带不来夜露。不加驯化，野马终归是野马；驯为良驹，虽失去野性，却毕竟是马。不译成诗，“只用散文说明大意”（周作人语），就更给俳句罩上神秘的氛围，日本人也就更陷入独自性情结。不能像日本人欣赏中国的诗圣那样欣赏日本的俳圣，中国人就永远不可能了解日本文化，交流终归是空谈。

李御宁著有一书，题为《青蛙为何跳进古池里》，像是教给日本人如何让外国人读懂俳句，如何从俳句里读懂日本人所思所想。外国人不能理解俳句不是因其短，而是日本人弄巧成拙，从七个方面损害了俳句。这“七损”：其一是民族主义，鼓吹俳句不能译成外国语，把它封闭在日本列岛之内；二是实地踏查主义，像旅行社广告一样，以为不去“奥州小路”走一趟就搞不懂芭蕉的俳句；三、囿于作者用意；四、从作者生涯索解；五、把俳句当作警句箴言；六、埋头从汉诗、古歌找出典；七、编排解释，典型是按照岁时记分类归拢，使人们只机械地读取春夏秋冬的季节感。有此“七损”，莫名其妙的就不是那十七音了（江户时代称作十七文字）。

孤立无援的思想

在书店里看见一本书，是张承志文集的思想随笔卷，叫《无援的思想》，不由得想到日本作家高桥和巳，因为他有一篇评论，叫作《孤立无援的思想》。以前暗诵过开头一段："假设这里有一个青年，比如说面对丘陵上层林尽染，一齐随风摇曳，溪谷的水流淌，发出清冽的声响，他伫立着，沉浸于某种感慨。那么，真的有坚定的逻辑可以劝说这个青年，不要被大自然的美舒心消魂，要思考政治问题吗？"

高桥去世快三十年了。

三十年前，中国正史无前例地进行无产阶级文化大革命，而且要进行到底的时候，日本死了两个人——当然，死人的事是经常发生的，但三十年过去还值得纪念的，恐怕就寥若晨星，这两个人正属于耀眼的晨星，相继隐没在另一个时代的曙光里。一个是三岛由纪夫，于1970年11月举办了“三岛由纪夫展”之后，像展览结束语一样切腹自杀。接着，数月后的1971年5月3日，另一个因癌症不治去世，就是高桥和巳，享年三十九。他们分别代表了当时的两种思潮，1969年曾对谈“大过渡时期的逻辑”。名为《孤立无援的思想》的评论集收有三岛由纪夫小论，题为《假面的美学》，写道：“我们学生时代，虽然态度各异，但是被世间总体上视为左翼的政治青年或文学青年之间，最热火朝天谈论的作家之一是三岛由纪夫。”高桥得知三岛事件，是在手术后休养的病床上，他说：“比起坏伙伴来，果敢的敌人之死更令人悲哀。文学家三岛由纪夫大概是我的最大对手。刚才听说他闯入自卫队总监室并且自戕了，尽管表现得非常政治，但我感觉是一个优秀的文学家隐瞒其假面后面匿藏的一切悲剧而自杀了。如果三岛由纪夫魂魄有耳，那就听罢，高桥和巳‘覆醢而哭’的声音。”

高桥和巳生于1931年，大阪人。家庭贫困，父母都反对他上大学，但兄长说：和巳那么想念书，我拼命干活来供他。1949年，这个“与其说是颀长、白皙的青年，不如说是还留着一脸稚气的美少年”（作家三浦浩回想）考入京都大学文学系。几位同学少年组织“京大文艺同人会”，而高桥认为应该更有点野心，更名为“京大作家集团”。1950年爆发朝鲜战争，美国占领军总司令麦克阿瑟将军重新武装日本，东京举行战后第一次反对占领军游行，波及京大。“高桥穿着学生制服和木屐，走在大雨中，眼镜上水滴闪亮。”他喀哧喀哧划钢版油印《反战和平诗集》，据说是战后最早的反战诗。

当时文坛是“第一次战后派”当道，高桥仰慕其中的代表性作家埴谷雄高和野间宏。日后他说过：文学方面给予他最大影响的作家是埴谷雄高。埴谷于1997年去世，享年八十七；自1946年发表《死灵》第一章，死前写到第九章，未完，内容难解，不知有几人能通读一过。埴谷悼念高桥，回忆：“据说当时近藤君跟我说高桥君的事，‘这家伙读了十三遍《死灵》’；高桥君好像很害羞，说‘没有，是六遍’。高桥君作为《死灵》的热心读者初次来访的事我还记得，但他的话全忘了。高桥君沉默寡言，露着他特有的纯洁微笑，一直垂着眼睛。”

高桥和巳有两位恩师，文学方面是埴谷雄高，学问方面是吉川幸次郎——“精瘦，目光炯炯，宽阔的额头浮现粗大的静脉，仿佛是从书籍的山峦中猛然跳出来的怪物”（高桥和巳《诗的纽带——为吉川幸次郎〈随想集〉而作》）。两年的教养课结束后，选择了吉川教授的中国语言文学专业。三年级时和几位同人办杂志《现代文学》，发表《扔孩子的故事》。临近毕业，找不到工作，几乎被信奉天理教的母亲拉去当传教士。他决定留级，迟至1954年毕业，论文是《关于刘勰〈文心雕龙〉文学论基础概念的研究》。高桥病故后，吉川幸次郎应媒体邀约撰文，道："高桥君是1950年新学制大学的第一届学生，那时的事情不大记得了，但是就7世纪中国文学评论《文心雕龙》写的毕业论文非常好。他作为作家的才能广为人知，而作为学者的才能再也看不见了，遗憾之至。"

高桥谋职，未能如愿，只好接着读硕士，专攻六朝文学。应聘大阪电视台，考试时遇见冈本和子，据和子日后说，彼此一见钟情。也有一说：和子工于心计，特意制造了那个巧遇。她比高桥低一年，学的是法文。高桥一门心思写小说，无以为生，二人结婚后在和子的娘家寄居了三年。女作家增田瑞子1969年上大学，是高桥和巳的崇拜者，她这样说过：忘掉他的死对于我来说意外地简单，因为代之而起的是新作家高桥（冈本）和子，蓦然如彗星出现，转移了我的视线。就小说来说，吸引我的不是高桥和巳，而是高桥和子，她的小说出色地体现了我爱读的《孤立无援的思想》等评论。

初次投稿，应征杂志《文学界》新人奖，落选，获奖的是石原慎太郎《太阳的季节》。这个挺起男根戳破纸屏的小说对于高桥有如当头一棒，十年后他在随笔《谈投稿》中谈及"那种冲击，难以直截了当地表述，打比方的话，就近乎这样的情景：如埴谷雄高的《死灵》主人公三轮与志似的忧郁青年正一边思考不知其然的问题一边散步，飒爽的新时代青年骑着轰鸣的摩托车从身边飞驰而过，他呆然目送。我直感，大概他的登场和支持他的世代或阶层的隆起必然带来其他部分的陷没。”高桥从此再也不投稿，“悄悄写无穷无尽的长长的文章”。

日日执笔，却没有发表的用武之地，他焦躁，忧郁，借酒浇愁。深夜醉酒归来，有时被妻子关在门外。1956 年硕士毕业，继续读博士。《现代文学》难以为继，又另起炉灶，印行同人杂志《对话》。妻子当家庭教师和翻译、导游养活“潜龙”小说家。高桥借了一笔钱，以“对话丛书”的名义自费出版《扔孩子的故事》第一部，却根本卖不掉。当《对话》为资金犯难时，大江健三郎以小说《饲养》获得芥川奖。1959 年高桥读完博士课程，论文是《陆机的传记及其文学》。喝酒作文两不误，为了把长篇变成铅字，又跳到另一个同人杂志《海盗》上发表《忧郁党派》。这时，白川静邀他到立命馆大学文学系当讲师。事关生计，但四年多经常停课，躲在家里写作，借口是心脏不好。在学生眼里，他面色苍白，看来真像有心脏病什么的。

机会终于来了。1961 年出版社河出书房新社复刊《文艺》杂志，设立以长篇小说为对象的文艺奖，主编特地到京都鼓动应征者。高桥费时八九个月，把早已动笔的《悲器》完成，专程送到东京。五位评选委员，三人赞成，一人不积极反对，一人怎么都行，把奖给了他。朋友们摆酒祝贺，梅棹忠夫发言：读这个小说觉得耗损精力。把如此的才能和热情灌注在中国文学研究上就好了，写小说什么的，其实是浪费。但高桥认为，研究者和作家在性质上并非互相对立，中国文学的传统反而是脚踩两只船很常见。一些同人批评他多用汉字的“汉文调”文体，他就到报纸上发表了一篇《文人相轻》。

《悲器》获得好评，并且有周刊杂志约长篇连载，高桥自信洋溢，决然辞去教职。恩师吉川幸次郎退休，找他回京都大学接班。妻子本来就讨厌京都人，文友也大加反对，最后高桥听从埴谷雄高的计策：要是不好拒绝，那就干干看。怎么也不行的话，就来个吊儿郎当，学究们烦了把你开出来不就行了。

连载的长篇小说是《邪宗门》。高桥以长篇自许，这部“以知识分子为读者对象的大众小说”在他的作品里是最长的。连载开始之前，他写了一段《作者的话》：“我想在这部小说里通过一个天才的宗教领袖及其教团的组织过程，追究现代的诸多矛盾和人的观念对于人的存在所具有的意义。题名为《邪宗门》，是因为我认为，所有拥有现实力量的宗教登场之初，在既成秩序的眼里都属于邪教，而在那是邪教的范围里反而有触及人类精神根源的东西。这个小说的主人公超越个人解脱和救济的境域，策划宗教公社，遭到大镇压，激烈的政治抗争之末，诅咒着现代人类的一切而灭亡。这也是一个思考实验，即所有新兴宗教当初所具有的‘改革社会’的思想如果在组织膨胀过程中不和保守势力妥协将会怎样。不消说，小说是虚构的作业。但是，在完全真空中任何想像力也不能振翅飞翔，所以我在作品构思过程中多方研究了真实教团的历史和教义。但最初就要讲清楚，即便舞台和历史有部分假借，描写的人物却全都是作者的分身，塑造的教团是虚构的高桥‘邪教’。丝毫没有非难现存的特定教团、拥护特定教义的意思。那么——既然如此，那就抬头罢，我的邪宗哟。”小说连载了七十四回，然后出版单行本，若译作中文，估计有六十万字之多。当他嘀咕一声总算完成了的时候，似乎用尽了所有的思考和创造力，不由得浑身虚脱。“回过头来想想，如鲠在喉的东西大部分借《邪宗门》吐了出来。我从青年时代一直在思索的‘改革社会’思想，通过汉学掌握的大同思想即东方式社会主义思想，也大都假托于虚构的教团组织及其挫折的历史。”（随笔《孤独的邪宗》）几年前发生奥姆真理教放毒事件，有文艺评论家感叹，那些信徒若读过《邪宗门》何至于如此。

高桥孑然一身回到京都，讲授李商隐论，时当1967年。如今乘飞机越过大海，只觉得眼下一片静谧，蓝得无限地近乎透明，可60年代，那真是四海翻腾云水怒五洲震荡风雷激，谁能不跟着昂奋呢。常听人们说中国文化大革命对世界的影响，其实，当时世界也深刻地影响中国。觉得错过了造英雄的时代的年轻人今天声援这个，明天示威那个，早成了一堆干柴，就等着一张大字报，便燃起烧毁一切的荒火。记得那时候对于日本的印象就是报纸上几乎天天报道国家领导人或什么人接见日本朋友。高桥回京都之前，临时充当杂志特派员，到广州、上海、南京、天津、北京访问十三天，考察中国文化大革命。火车上齐声朗诵“毛主席语录”，他欣赏窗外的田园风光，暗吟古诗，认证从古典文学中获得的印象。他“看见被破坏的菩萨后面装饰了毛泽东的照片，不免涌起几近愤怒的感情”，但站在万里长城上，不由得慨叹：“依靠的不是城墙，只是人心。《毛主席语录》一贯阐说人的要塞，尤其把人的思想摆在第一位，我突然觉得可以理解了。”1968年，由东京大学带头，呼叫“大学解体”的学生运动勃然兴起。石块与火瓶齐飞，警棍与水龙交舞，电视转播实况，全国骚然。1969年初京大也燃起校园斗争的烈火，高桥立马站出来表态，支持学生，批判教授会，成为屈指可数的“造反教官”。他在杂志上撰文《甘受孤立的忧愁》，说：“这也拒绝，那也拒绝，哪怕到头来只剩下徒手空拳、孤立无援的自己本身，我也固执那孤立无援的立场。”不料，怀疑一切的学生把大字报也贴到他的窗下——《驳清官教授》，他登时从行动的激扬落入精神的苦闷。三个月后在杂志《文艺》上发表随笔《我的解体》，写道："刚才读过的文章中的'清官教授'这个词没有从我脑子里消失。虽然自以为起到了一些作用，恐怕我也终究不过是在被限定的笼子中蠢动的走狗。返回临时住处，我更加喝酒，要使神经麻痹。并且像念咒一样嘟哝日常爱读的《论语》：'不曰如之何、如之何者，吾末如之何也已矣。'"当学生时对《论语》不以为然，多次把书掷到墙上，显示青春特有的叛逆精神，但后来，"我把《论语》放在桌边，意气消沉时，觉得世间空虚，干什么也徒然时，或者无论如何也办不到，对各种世相气不打一处来时，心里焦躁又力所不及，只好借醉酒来蒙混自己，蒙混不过去而闷闷不乐时，就翻开《论语》，一段一段读"。(随笔《论语——我的古典》)

这一年高桥没有写小说，一味写关于校园斗争的随笔，充当学生运动的解说者和启蒙家。他说："报纸或电视连日报道的全国大学发生的纷争，不过是单纯在视觉上外部人也能看见的事态突起罢了。当然，东大占领安田讲堂、京大占领钟楼以及被驱逐的攻防，不无有意于象征性政治行为的学生政治团体在所不惜的感情表现，那也当然是大学斗争的重大一环。但是，在学生彼此的议论中，从正面切身理解在政治上不过是一个口号的'大学解体'或者'从自我否定出发'，追究自身矛盾的过程中呜咽的学生的泪，突然悄悄自杀的学生的死，内讧受伤躺在病床上低声谈论文学的学生的声音等，断乎不能说价值比那些堂堂被报道的‘大事件’低。”

1969 年 10 月开始出版《高桥和巳作品集》。“对于著述家来说，刊行实质上相当于全集的作品集不会不高兴。但另一方面，这时就产生不吉的预感。大概全集之类，即使真有那个价值，也本来应该在死后被人汇编。还没到不惑的年龄就汇集全部作品，即使有当作一个转机的心情，恐怕也不免带来些心情跌落，好像自己给自己的作用画上句号。不，蓦地觉得，恐怕我看不见这个作品集的完成罢。”（随笔《第三次败北》）高桥于 1970 年 2 月辞去京大之职，一年后病逝，真的没看见作品集出齐。1971 年 1 月调查东京大学学生读书情况，他独领风骚。那个时代人们像读《圣经》一样读高桥和巳，而后才是大江健三郎、安部公房、三岛由纪夫、吉本隆明、埴谷雄高等。

高桥和巳说：“没有行为的思考每每腐蚀，而没有思考的实践也每每荒废。”又说：“支持我的是文学，那文学又告发我。”埴谷雄高称他是“苦恼教的教祖”。梅原猛纪念他逝世二十周年，说：高桥终其一生使学问和艺术两立，是现代日本文学史上极具特征的作家。他深深卷入校园斗争，使他早死的，是对运动过于诚实的应对和苦恼。1977 年埴谷和吉川为高徒监修出版了《高桥和巳全集》，二十卷。中国文学是悲壮的文学，高桥的文学浸透了那种悲壮，但并非师传，而是天性。他用死给自己的时代作用画上了句号。

三十年过去，书店里摆出好多纪念三岛由纪夫的专著，出版社又新编三岛全集，他临死前和东京大学造反派学生的辩论记录也重新出版，这一切都像要证明什么。相比之下，高桥显得很寂寞，不知明年出版界如何纪念他。其实什么也没有解决，只是人们都摆出一副早已忘光的面孔。那个“飒爽的新时代青年”石原慎太郎不是也当上东京都知事么？当然，呼啸的不再是小小摩托车。

无思想人

1970年11月25日三岛由纪夫切腹自杀。消息传开，人们吃了一惊，随即又想起一点遗憾，遗憾的是大宅壮一在三天前去世了，不然，他活着会如何评论三岛事件呢?

大宅壮一是社会评论家，曾经在舆论界独领风骚，甚至有媒体帝王之称。老友浅沼稻次郎（社会党政治家，生活清贫，深受大众爱戴，1960年在演说中被右翼歹徒刺杀）说他：乌鸦有不叫的日子，没有听不见大宅壮一在广播或电视上聒噪的日子。与小说家相比，评论家难以摆脱时代的影响和制约，他们的一具具尸骨或可当作历史进程的路标。时过境迁，人们忘掉那个社会，连同批评它的人，这是社会评论家的宿命。大宅于1970年11月22日病逝。同样死去三十年，书店里摆出一架子图书纪念三岛由纪夫，与其说文学不朽，不如说时代使然。而关于大宅壮一的书籍，近年只见过两本。早些的，叫《杂志青春谱》（猪濑直树著），写的是“川端康成与大宅壮一”；新近的，叫《昨天的历史》（村上兵卫著），写的是“大宅壮一与三岛由纪夫的生与死”，大宅都像是搭便车。他说过：“我是叫卖鲜鱼的商贩，不卖晒干的或盐腌的东西。”所以，鲜过之后，那三十卷《大宅壮一全集》只好丢进历史的垃圾堆——图书馆。我时而翻检垃圾堆，别有兴趣，觉得昭和四十年代（1965 年至 1974 年）及其前后的日本被我们的历史眼光空了过去。对于历史，好似看球赛，任谁都可以当评论家，骂球员“臭脚”，哄教练“下课”，套用大宅壮一的说法，这就叫“是人就是评论家”。

大宅壮一说自己是雨蛙：“在今天的日本，看报纸其实就像渔民出海望天一样，所以也不能小觑雨蛙的聒噪。我从事文笔业，要起到的就是这雨蛙的作用。”他总能敏感地抓住社会的动向和风俗的演变，道破其本质，给百姓一个说法。那说法仿佛是脱口而出，给时代、世态起了个绰号，在社会上流行，成为大众的共识。社会现象被符号化，从而更一般化。例如，战后日本进行学制改革，高中或专科学校纷纷升格，一下子多了二百几十所大学，每县（相当于我国的省）至少有一所国立综合大学，大宅批评这种乱设大学、质量低下、没有特色的状况，简直是有车站盒饭卖的地方就必有大学。

或许当今大学生已经念不准大宅的姓氏，但无人不晓得“车站盒饭大学”这个词，说不定就用来叹息或痛骂自己的大学哩。日本于1953年开办电视台，历时三年，大宅批评：最高度发达的电视传播最低级的文化，粗杂卑俗，使“一亿日本尽白痴”。又过了三年，石原慎太郎的小说《太阳的季节》获得芥川奖，大宅发表《“太阳族”健康诊断》，批评他们是品种完全不同的日本人，算盘和自卫术高人一等，是彻头彻尾的利己主义者。于是，“太阳族”这个新词和做饭不冒烟的电饭锅一起遍布日本。大宅壮一是话语领袖，他的话语用有形的巧妙迎合大众，同时用无形的霸权对大众加以羁绁牵引。去世前两年，一个精神病患者企图用猎枪杀死他，被警察逮捕。犯人供述：自己是大宅用电波操纵的机器人，要脱出这种状态，只有干掉他。

大宅曾说过：“我很清楚自己在文笔家当中是极其特殊的存在，并不是有意这样，而是成长环境造就了我这样的人。”所谓环境，首先是家庭环境。他没有留下成本的自传，从几篇述及青少年时代的文章中得知，大宅家开酱油铺，前店后厂，父亲光喝酒，以至他的记忆里只有一个酒气冲天的父亲。与他一天天长大成反比，家业越来越小。父亲“对于孩子的教育，岂止是彻底的放任自流，根本就漠不关心。考中学时也是我一个人决定，自己填志愿拿去交了。考上了也不说一声好。当然，旷课逃学也随我的便。中学三年时这位老爹死了，其后必须由我来支撑家计。我倒是满不在乎。而且，直至今日，几乎无须任何人照应”。(《对儿子说的话》)“大学时代不光完全要自活，还得养家。又一头扎进社会运动，几乎不上学。学费也不缴，不知什么时候给开除了。”(《职业创作论》)在这样的生活环境中，他从小学时代开始作文投稿，“怎么也挤不出投稿的工夫来，和歌或短歌那样的简单东西不用说，就是相当长的文章也一边走路一边作”。可以说，这种勤勉是他日后在大量生产、大量消费的大众社会里大显神通的童子功。川端康成是大宅的中学、大学同学，在《文学自叙传》中回忆，传闻大宅“把获得的金牌排列起来，能构成锁链，环绕整个房间”。读东京大学社会学专业时，大宅为新潮社编辑十三卷《社会问题讲座》，说动马克思主义经济学家河上肇等名流执笔，不到一个月就在报纸上打出整版广告。《讲座》赚了钱，他获得一大笔奖赏，终于脱贫。“《社会问题讲座》结束后，我继续帮新潮社工作。那时《新潮》杂志卷头有评论栏目，几乎期期让我写。那是不署名的，但就此被新闻界认可，不知不觉成了文坛中人。”(《放浪交友记》)

大宅壮一在大众传媒中驰骋五十年，在他看来，大众传媒这东西“就是把各种文化加以商品化的过程。大众传媒本身也是文化的一个部门，同时具有把其他文化都弄成商品的作用。所以，商品感觉强的大阪人就比较强”。他出身于大阪商家，从事文笔业也像个“文笔企业家”，最突出的事例是组织“综合翻译团”。那时他二十八岁，构居在文人荟萃的吉祥寺一带，郭沫若也一度造访。“我家成了‘工厂’，总有十来个年轻人聚在那里。”（《择优结婚》）他从出版社拿来原书，几个人分头草译，然后有人校正，有人润色，最后由他定稿，流水线一般翻译《一千零一夜》等大众读物。做法类似林琴南，可能是受了拍电影分工合作的启发。近年某出版社大量翻译谢尔顿小说，名为“超译”，其实不过是承袭大宅的路数。日本有很多周刊，一般都利用编辑工作室和自由撰稿人，分工、转包，用人不养人，这种编辑方式当初也是从“综合翻译团”学来的。“人最终感兴趣的是人”，大宅翻译厂关张后，他独力创办《人物评论》杂志，刊行十三期。1930 年相继出版《摩登层与摩登相》《文学战术论》，确立了所谓“轻评论”文体，即“摈除学者使用的难懂术语，头三行就抓住读者”。当初大宅的梦想是文学创作，可能一辈子都不曾放下这心思，但事实证明，他的才能在评论，尤其是社会风俗方面。如他所言，人有两种类型，施虐和受虐，评论家是前者，而小说家多后者。他看似憨厚，性格却是施虐型，尤其不适于社会性缺缺的纯文学。“任何社会名流都有见不得人的地方，不，一个人越被偶像化，见不得人的地方越扩大。”他揭露那些见不得人的地方，大大地满足大众的窥视心理和嫉妒心理。

十八岁以前的壮一，给天皇的《教育敕语》挑语法错误，写“隔日上学论”，企图偷渡去没有天皇的美国，为米价暴涨所引起的动乱煽风点火，就已经被视为赤化学生，以致退学。参与组建全日本无产者艺术联盟，普罗文学家小林多喜二被警察拷问致死，也是他出头领回遗体。到底加入没加入共产党，他却避而不谈，始终是一个谜。大宅也曾被逮了去，警察逼他写悔过书转向，他说：“我要是转向，可就转到共产党那边去了。”从他的秉性来看，可能没入过共产党，那是一种“野次马”秉性。日语的“野次马”，源自老马不当先，只是跟在少壮马屁股后走，指那种看热闹、起哄、喝倒彩的人。1969 年日本全国闹学潮，造反派学生占领东京大学的安田讲堂，和警察机动队对峙。电视台把大宅找来做现场评论。学生扔石块，警察喷水龙，这老家伙冲着麦克风起哄：“现在的战争游戏是那些不知道战争的小子们在玩。不是学生和警察打架，媒体也算一个，好像三个组织串通好了，玩得很高兴。今天天儿太好了，没有紧迫感。要是下点雨，或者下点小雹子，就会再紧张一点儿，实在可惜。对这种战争游戏不必那么担心。年轻人的能量用这样的方式爆发不是坏事。大学具备虚幻的权威似的东西，把实际情况向全国各地的人们公开，是大好事。被叫作教育妈妈的人了解了学生的真面目，单单这一点不也是很大的收获吗?”三十年过去，即便是当年的红卫兵，当我们回首往事时，不也有闹哄了一场的感觉吗?只是大宅当时就毫不惘然，凡事都抱持瞧热闹的态度，身临其境却并不投身其中。他说:“甚至对于人的一辈子命运那样的事也只顾兴趣，是我的堪称天性的恶癖。”这一“恶癖”为他赢得那些好起哄的大众，同时也因之丧失责任感，曲终人散，谁还记得他的起哄文章呢?

尽管一听口令走步就顺拐，大宅也不落人后，参加“文化人部队”，尤其在电影摄制上为侵略战争协力。日本战败前两年，从印度尼西亚返回东京，丢下笔杆子，第二天就在院子里开荒种地。过了四年自给自足的日子，见大局已定，重新出山。法国存在主义哲学家萨特行时，他就谐音萨特，取笔名“猿取哲”，月旦人物。“思想”这玩意儿如今在日本已经是一个笑话，政客们纷纷标榜无党派，但五十年前，诚如大宅所言:“说到底，‘思想’对于知识人就像是脊椎。其有无决定是高等动物还是低等动物，不，是上等人还是下等人。当然，一般大众被认为没有。获允加入知识人中间，缺少这玩意儿即属于无照经营……所以，大家都争着弄点什么‘思想’。而且这上面还有流行，最近，不是从外国进来的，有了反而教人轻蔑。这一点，好似帽子之类。”大宅说自己外出不爱戴帽子，不戴柏拉图、康德的圆顶礼帽或高筒礼帽，不戴民主主义的呢帽，不戴军国主义的军帽，不戴马克思主义及其他社会主义思想的鸭舌帽，不戴自由主义的贝雷帽。话是这么说，其实，他给自己的“野次马”也戴上一顶帽子，就叫作“无思想”。1955 年发表《“无思想人”宣言》：“‘猿取哲’的特性，首先是决不秉持世上通用的主义主张，严正中立，不偏不党，坚持彻头彻尾的实事求是原则。写的是大宅壮一，但写的事情应该独立于大宅壮一。议论一个人，不论他与大宅壮一个人多么亲近，也决不受私情影响，站在什么都敢说的立场上。”“我是‘无思想’，迄今始终一贯做的事只有一个，那就是抨击宗教和伪君子。惟有这是无论如何也不能停止的。”当然，“所谓无思想，不是‘无个性’、‘无人格’。不，恰恰相反，在今天这样的社会里，要‘无思想’地生存，必须有非常强劲的个性和人格。不然，立马就会被强硬的‘思想’拉过去，溺死在里面”。

1920 年代初几家大报接踵创刊周刊杂志，1950 年代后半出版社争相刊行周刊杂志，正是在这两场周刊热之间，日本形成大众化社会。大量生产，大量消费，让大宅壮一如鱼得水，马不停蹄地进行“文笔业扩大再生产”。哲学家久野收评论他：“大宅代表并推进的是把批评或评论当作商品来写、当作商品来卖的商品化方向、现代化方向。本雅明曾指出，艺术作品商品化，给作品抹去神秘的光环，把作品转向展览，而大宅实践的是评论的这种展览化。”大宅明火执仗，公然把评论商品化。他的尖刻，他的反权威、反偶像，并非出于孤高，而是一种商业手法。被他加以大众化、商品化的评论为大众所喜闻乐见，但没有低俗化，是其价值所在。然而，大众不定性，大众社会的流行来得凶，去得快，好似樱花开落，大众化评论不可避免地带有节令商品似的命运。现今大众社会已经从千人一面发展到千人千面，追求个性，评论家分工也越来越细，各有所专，难以再出现大宅那样横扫一切领域的综合性评论家。

他评说过三岛由纪夫。就在三岛自裁那年的1月，他预测1970年代的日本，举出四个具有超凡魅力的领袖式人物，是三岛由纪夫、石原慎太郎、池田大作、小田实。关于三岛，他说："主宰'盾会'的三岛由纪夫具有日本知识人罕见的领袖性和行动力。过去也有先例：意大利诗人邓南遮于第一次世界大战前后变成狂热的国粹主义分子，自己驾飞机去占领阜姆，是墨索里尼的先驱。三岛有这般的领袖性吗？他身上果真能产生拉拢大批青年的魅力和领导能力，足以左右日本的命运吗？就现在来说，他率领的'盾会'也和请有马赖义（案：推理小说家）当教练的棒球队一样，未超出流行作家的癖好的范围。说到三岛，我想起了三岛章道，他是子爵的公子，也是‘白桦派’作家，充当男童子军的头领度过晚年。”在同一篇文章中大宅还写道：“最近日本正在产生的‘经济大国’意识孕育着危险的要素。虽然可以说抑制鲁莽军人和被他们操纵的政治家发动战争的是经济人，但反过来，经济人，特别是军需产业的经济人，打开战争电门的时候也并不鲜见。谁能保证1970年代的日本不会再次踏上‘曾经走过的路’呢？”

在《日本的没落》一文中，他开列“大东亚战争的辉煌战果一览表”，其一是“日本男人的可怕的国际性”，即“同样是日本人，和女人相比，男人国际性远远不足，在日常生活上尤甚。他们大部分是无论去哪里都需要米饭、酱汤、腌萝卜，杂煮、清酒、饭团子，和服、草席、兜裆布的种族，不把妇女当奴隶使就不安生。这一点，征诸以下事实则一清二楚，即战争期间依仗日本国家权力以日本男人为主体的国际婚姻，战后几乎百分之百地招致破裂。不过，日本男人这种顽固的保守性格主要只表现在日常生活方面，至于精神生活，也可以说富于国际同化性，那是超过女人的……为获得一个著作的翻译出版权支付百分之三十六的使用费，哪个国家曾有过此类发疯似的竞争吗？”

他写到《丑闻的商品价值》，说：“禁忌越来越多，传媒除了社会版之外，竞争的余地逐渐缩小，结果必然是丑闻的商品价值愈益提高。而作为读者的一般大众方面，对丑闻的兴趣（需要）也异常增大。‘兴趣’和煽情主义一样，是唯量的，丧失真伪、正邪、美丑的判断。所以，过去具有真理、正义、美的社会价值暴跌，相反，带来最大‘兴趣’的丑闻获得最大的商品价值。”

经济起飞，家家都觉得进入了中流阶层，拥有私车成为流行的追求。一家大汽车制造厂的头面人物登门推销，大宅壮一放言：私车和姨太太一样，坐的时候很惬意，可一旦弄来了，存放的地方就大成问题。我从来的主义是不要私车、别墅和姨太太。他说的姨太太，不妨时髦地译作“小蜜”或“二奶”，我们听到这话不也可以会心一笑么？可能在日本时过境迁，忘掉了大宅壮一，中国却好像正进入他的“语境”。眼下泡沫经济崩溃的日本也值得旁观，历史的进程不好绕过去，或许哪一天我们就要说它是前车之鉴。

大宅病笃之际，总理大臣三木武夫打算颁给他一枚勋章，派秘书来探问。两位门生替恩师回绝，因为他们相信大宅信奉三无主义——无宗教、无思想、无官衔，骂了一辈子政治家，不会要这个奖赏。不过，晚年的大宅被弟子们前呼后拥，奉为泰斗，也变成偶像。在儿子大宅步眼里，他又是什么形象呢？“我在工作上名扬天下时，步作出了这样的结论：‘归根结底，父亲这个人不是思想家，不是社会主义者，也不是商

业主义者，说来是大众传媒的奴隶。’”（《大宅步的反叛与死》）

大宅壮一留下的遗产，似乎比著作更为世人所重的是大宅文库。他认为“书不是读的，而是查的”，在收集资料上具有超群的能力。他的资料室叫“杂草文库”，二十年间收罗杂志三千种、十八万册，书籍三万册，多是图书馆不入藏的书刊。死后设立大宅壮一文库，是日本唯一的杂志图书馆，现在收藏杂志已多达一万种、五十八万册。庋藏之丰富，整理之独特（逐题登录，按人物和事件归类），尤其是传媒界的宝库。把田中角荣拉下总理宝座的立花隆说，若没有大宅文库，他的《田中角荣研究》等工作几乎就无从谈起。文艺春秋出版社祝贺大宅七十寿辰，设立“大宅壮一非虚构文学赏”，他亲手颁发第一届，半年后去世。

墓在镰仓泉瑞寺，遥遥望见富士山。我特意去看过，没有祭扫的意思，有一点看笑话似的游兴。那里立了一块碑石，草木掩映，锈痕斑驳，镌刻着大宅的名言：男人的脸是履历书。在他的著书中见过几张老照片，穿和服戴礼帽的，穿军装或西装的，从脸上看不出历史的沧桑。其貌不扬，颇像社会派推理小说家松本清张，或许那就是庶民的面相。

太郎一戳惊天下

读散文家董桥的集子，他写到编辑先生把来稿小说里的一句“他射精了”改为“他结束了”。这位编辑堪称道德家，而且有社会责任感，却活错了时代。道德因时代和社会而异，与时俱进，他的一枝朱笔怕是改不胜改的。

六十六岁的石原慎太郎坐上了东京都知事的椅子，说是窄了点儿，但不知他从此要怎样做道德先生。推进道德教育是石原的竞选公约，知道其来历的人，一定会觉得特别的滑稽。万一和那些搞“援助交际”的女人对话，被问及当年勇戳纸屏的事，可如何回答是好呢？

拜朝鲜战争之赐，日本复兴了经济，翻译家、评论家中野好夫写文章，说“已不是战后”，这句话被政府《经济白书》拿了去，成为流行语，那是1955年。就在这一年，石原慎太郎凭《太阳的季节》走上文坛。这部中篇小说的道德性在芥川奖评选委员会上引起争论。当时六十三岁的老作家佐藤春夫像见了鬼："从这个作品看出作家欠缺美的节度，令人厌恶之至。"小说中最为惊世骇俗的描写是这样一段："似乎房间里的英子朝向了这边，他从外面把勃起的阴茎戳到纸隔屏上。发出一声干燥的响动，隔屏的纸破裂了。英子看见那东西，把正读着的书尽力扔了过去。书漂亮地命中目标，落在草席上。"社会评论家大宅壮一表示苦涩的理解，给石原所代表的"品种完全不同的日本人"命名为"太阳族"。妇女、教育等团体看不下去，大加讨伐。日后石原以敢对美国说NO耸动世界，其实，"太阳族"的道具是游艇、摩托车之类，接受的正是美国文化，且多是驻日美军的美国文化。

当然，石原慎太郎舞剑，意不在烟花巷。道德教育是培养基于某种价值观的生活态度和行动模式。这种教育可以上溯到明治维新后以天皇崇拜为中心的国民教化运动。1879年为压制自由民权运动，天皇发出《教学圣旨》，倡导孔教。1920年代、1930年代，针对学生运动、工人运动，政府推行名为"思想善导"的道德教育。战后，修身课（道德教育）被美国占领军明令禁止，50年代以来又逐渐复活。石原的道德教育到底要戳出什么名堂呢？

最近朝日新闻社的周刊杂志《AERA》报道"现代的

肖像”石原慎太郎，提及当过《周刊文春》主编的花田纪凯在满脸青春痘的年代曾兴味津津地尝试过，竟没能戳出窟窿来。花田五十多岁，不正是这个深受石原影响的世代最好搞“援助交际”么？斩草除根，倒是该给他们补补道德课。

世纪

大冈升平卒于1988年12月25日，那时我来日本还不到半年。因原先从事出版工作，在杂志上编辑过大冈升平特辑，甚而还为之发生些人事纠纷，最终促使我东渡，所以对这位哲人其萎特别有印象。最近翻阅大冈身后出版的零篇结集《昭和末》，里面收有他1986年为那个特辑撰写的《致中国读者》，说："我那时三十六岁，当兵上了菲律宾前线。用报告文学风格描述战败当了美军俘虏的经历的，就是《俘虏记》，用诗一般的虚构处理吃人肉这一棘手题材的，就是《野火》。获得最多读者的是后者，西欧诸国翻译了，却被社会主义国家苏联无视。此次中国刊布于世，这种宽容精神和包容力再次令我肃然起敬。"可是我觉得，时至今日，好像在对待日本文学上仍有人欠缺宽容或包容。

大冈去世后两个星期，裕仁天皇崩，改元平成。荏苒冬春谢，寒暑忽流易（潘岳诗），而今已经是平成十一年（1999）末梢了。日本是公元与年号并用，这个年号取自《史记》的“内平外成”和《书经》的“地平天成”。明治以后，一代天皇只用一个年号，新天皇登基之日实施。昭和的天皇病逝于1989年1月7日，所以那一年既是昭和六十四年，又是平成元年。江户时代制定新年号受幕府干涉。1979年颁布《年号法》，规定由政府制定并发布新年号。我昭和末年东渡就赶上了，看见那个后来当上总理大臣的小渊惠三在电视上举着“平成”二字展示给国民看。不过，法律并不强制国民非使用年号不可。大概年号的最大用处在于让人们时时意识着天皇的存在。

1901年元旦至2000年除夕是20世纪，但习惯的感觉，9是末尾，世纪回眸都赶在今年，明年就该忙着展望21世纪。以百年为单位的“世纪”是西方的历法，大概始用于17世纪前半。“世纪”一语，中国古已有之，本来是记录帝王世系之意。明治时代日本人苦心孤诣地迻译西方文化，或旧瓶装新酒，或移花接木，使汉语概念为之一新，其一是“世纪”。这是century的译语，当初有几种译法，如一世、年代、一期、百年，16世纪就译作第十六回百年。1876年印行的《万法精理》始译为“世纪”，1886年收入《和英语林集成》。中国近代启蒙思想家严复在戊戌变法后翻译《原富》，采用了这个译法。

大冈升平一向反对“世纪”，在《昭和末》里也说：我反对以天皇在世来区分历史，也反对百年为一个世纪。应该按社会上发生重大变化之年划分，拿战后来说，如1952年美日单独媾和、1960年反对安保条约运动、1964年东京奥运会和经济高速发展巅峰、1973年石油危机。应该以“事件”区分，而不是“时间”。

大江健三郎仰大冈为师，曾写过大冈升平传。他说，对于他个人来说，昭和最后一年就是大冈升平去世之年。

文化的时间与空间

夏日炎炎，躲在空调底下读《日本文化的时间与空间》，著者加藤周一。空调，即“空气调节”，这是日本人造的词，被我们中国人拿来，用作空调设备的意思，还创造了独具中国特色的歇后语：教师长工资——空调；而本家日本不再把它出口转内销，干脆直接用英语“欸呀空”。

加藤周一说：“战败后日本的向美国一边倒不只是政府和外交政策，例如很多国民不说英(美)语，却喜欢那种模仿英语的片假名词语。桥不叫桥，叫‘不利己’；路不叫路，叫‘捞到’。为什么？除了语言领域的对美自卑感之外，我想不出其他的理由。”熟知日本文化，对外国文化见多识广，写日本文化论才最可信服，遍观日本，这样的评论家非加藤周一莫属。而且随笔写得很可读，不像同为“进步文化人”的大江健三郎那般自说自话。

对时间与空间的态度、时空形象及概念并不是超越文化差异的普遍性东西，各种文化一定有固有的模式。那么，时间与空间在日本文化中是怎样的呢？独特的时空概念使日本文化别具什么样的特征呢？加藤依仗丰厚的学养和广博的阅历，与其他文化相比较，从古代神话、信仰体系中探求时空概念的原型，以及原型如何具体表现在艺术与文学的代表性作品中，进而论断对时间或空间的传统性态度给人们的行动方式造成了并正在造成怎样的影响。

日谚有云：把过去付之流水。加藤将日本人的世界观从时间上归纳为“当下”，为使现在的生活过得顺利，以不拘泥于过去为理想的倾向在日本社会尤为显著。因之，正如二次大战后经常被指出的，德国社会不把“奥斯威辛”付之流水，而日本把“南京屠杀”付之流水，其结果，德法的信赖关系恢复了，而日中国民之间未建立信赖关系。

日谚又云：福在家门里，鬼在家门外。这正是日本人的空间意识，其背景大概在于强烈的集团归属意识。集团是日常性生活空间，所以强烈的集团归属意识对于当事者意味着生活场所——“这里”就是世界。换句话说，集团外部不是内部的延长，而是与内部异质的、另一种价值体系支配的空间。关心集中于集团内部，即“这里”，很少及于外部即他处。盂兰盆祭祖，所关心的并非祖先在另一个世界的灵魂，而是事关“这里”，那些灵魂每年要回到“这里”来。日本社会特殊的是，甚至在高度工业化分解了传统的家庭、村落之后，在那里形成的意识、习惯（一部分）也被水平有异的集团或组织所继承，存活下来。

例如芭蕉的俳句：闲寂哟，沁入岩石里，蝉鸣。时间停止了，没有过去，没有未来，全世界收纳于“当下·这里”。李白说：天地者，万物之逆旅也；光阴者，百代之过客也。时间是无限的直线。随笔这一日本文学固有的独特形式不取向全体和连贯，兴趣只集中于眼前的片段。日本建筑空间的特征之一是强烈的水平线取向，强调高的房屋少。为什么两次世界大战之间“私小说”占领文坛呢？恐怕是因为当事者居住空间封闭，表现的空间也封闭。没有改变环境的意愿，就只好改变自己。不是从全体向部分，而是从部分向全体，这一思维过程的方向性是“当下·这里”的文化的基本特征。临场的这里，即逝的当下，赏樱也足以显示日本人的这一文化本性。

加藤周一是医学博士。生于1919年9月19日，这串数字很有趣。读东京大学医学系，热心文学，1947年与人合著《1946文学性考察》。1951年赴法国留学，研究医学，同时给国内写文艺评论及文明批评，结集为《杂种文化》。1960年到加拿大讲授日本古典，结集为《日本文化史序说》。他是所谓“朝日文化人”，自1980年在《朝日新闻》上写文化及社会批评随笔《夕阳妄语》（起初叫《山中人闲话》），每月一篇，连载至今。政治思想史学者丸山真男说：“我觉得自己属于关心对象比较广的，以至被研究者同事看作业余文艺爱好者，但把我倒过来视野也赶不上加藤。不是加藤的守备范围太广，而是日本的文学家或学者的守备范围（或攻略范围）过窄，所以才格外突出。”另一个圈子的文艺评论家谷泽永一把加藤周一列为十二日奸之一。

近年来中国重视对日本的研究，眼下有好几种丛书正翻译出版，大有急起直追日本研究中国之势。惜乎大都是旧货，或许对于那些不谙日语的学者有用，供他们当作“第一手资料”写高头讲章。从一般读者来说，开卷有益，似乎《日本文化的时间与空间》之类的书更值得翻译出版。加藤周一说，此书是他长年探究日本思想史的总括。而随处做比较的，主要是中国文化，反过来读，可以从与日本文化的比较中认识我们的文化。

东与西

日本全国性报纸之一《产经新闻》把晚报停掉了，但只是首都圈（东京都及其周围七县），至于近畿圈（京都、大阪二府及附近五县）则一仍旧贯。为什么呢？该报的招牌专栏《产经抄》是这样说的：其背景在于东与西的地域特性、生活方式，以至读者的阅读习惯有差异。例如，上班需要一个多小时，这在东京很平常，而大阪不少人只需要三十来分钟。东京竞争激烈，上班族深更半夜才回家，没时间看晚报；大阪人早早回家，有翻阅晚报的空闲。

闲看地图，总觉得日本列岛像一只背对大陆蹲踞的狐狸，头欹东北，尾垂西南，整个的地理走向大致为南北，但地处中央的京都与东京是东西相距。千余年都城是京都，一路东去，就有了东海道的行政区划，明治维新后江户改名为东京。在传统与文化上，日本人常常说东道西，即关东（首都圈）和关西（近畿圈），古时也称作东国、西国，更宽泛就叫东日本、西日本。狐狸干瘦，关东在腹部，关西在尾巴根上，似乎也只有那一带肥硕，谈得上东西。当年驻扎中国东北的关东军，其称呼来自中国关东州（今大连一带），是侵略的印记。

16世纪有人写《人国记》，记述日本“六十六国”的人情、风俗、气质等。近年，有关“县民性”（拿我国来说是省民的禀性）的书时见上市，尤其关于大阪的。社会评论家大宅壮一出生于大阪，他曾拿华侨作比，称大阪人为“阪侨”。历史小说家司马辽太郎也是大阪人，他说，在东京生活有一种被按住脑袋的感觉，好像街上有顶棚，而大阪则没有，但大阪街上好像有墙壁，遮断了与外部的关系。关东武士造成的封建规范或审美对大阪人影响比较小，他们只谈自己看得见摸得着的事，不守规矩不惧上，当兵最不行。跑长途的卡车司机越接近东京越紧张，一进大阪地面便松懈了精神，事故也就多。中国人来日本的多了，也有人写北京人、上海人云云，帮日本人“分而治之”。或云上海人像大阪人，似不大确切，因为在中国，上海是可以与北京抗衡的一大文化中心，而当代大阪，不外乎漫画、漫才（相声）之类，或许在城市文化和大众文化上更近于香港。

近朱近墨，和侨居关西的中国人接触就觉出点异样，可知我自己随俗了关东。东和西的习俗、文化的确有差异，例如语言，据日语学家大野晋说，以口语为中心划分现代日本语，东西截然不同，东京人听不懂地道的关西话。甚至连人也不同：从血型来说，东多B型，西多A型；指纹是东多簸箕西多斗。走在街上，看面馆的招牌，关东多是“烧巴”，关西多是“乌冬”。西船东马，从9世纪末叶到10世纪，西日本“海盗”出没，东日本“马贼”纵横。

虽然东与西的生活、文化、社会如此不同，但一般日本人都觉得，日本这个国度里没有争斗，没有分裂，也就是中曾根康弘当总理大臣时公然声称的，日本是单一民族。这就是所谓“日本人意识”。尤其在史学界，日本民族在语言、人种、文化上从来是均质齐一的，作为日本史特征，是毋庸置疑的共识，是一个默契。这样一来，揭穿假象和神话的史学家网野善彦便属于另类。他二十年前写过一本《东与西讲述的日本史》，近年又出版《日本是什么》，以广博的资料为注脚，捭阖论难，颠覆定说与常识，试图打破历来确信人类靠自身的努力不断进步的“进步”史观，重新结构历史框架。他认为列岛东部与西部社会自古就存在差异，尤其是百万人从朝鲜半岛、中国大陆渡海来西部，担负“弥生文化”，与东部的差异更其显著，但这种差异不属于先进或后进的发展阶段性差异。大相扑比赛分作东西两军对垒，网野好似手执折扇的行司（裁判），从东与西的对抗关系中缕述日本史。

所谓关东，指的是三关（铃鹿关、不破关、爱发关，在今滋贺县与三重、岐阜、福井诸县交界处）以东地域。这是以京都、畿内为中心的看法，关东被视为蛮荒之地。935 年武将平将门割据关东，登基为新皇。为时不久，将门战死，新国家夭折，但东国民众把他奉为英雄。12 世纪后半，源赖朝起兵，在镰仓建立政府。他无视京都朝廷改元，岂止“空间”，而且要自主用年号支配“时间”。1183 年对朝廷讲和，仍实际上掌握东国统治权。关西一词这时出现在镰仓幕府编纂的幕府史书《吾妻镜》中，显然是立足于镰仓的指称，而关东的概念也发生变化，指镰仓幕府直接统治的地域。日本天上有两个“日之丸”，一个是京都的天皇，另一个是镰仓的将军，状态分裂，构造二重。日本的历史从此以关东为中心发展，以至时期也是用镰仓时代、江户时代来划分。如司马辽太郎所言，日本人的生活文化、审美源自室町幕府，而伦理观、现实主义源自镰仓幕府。政权及制度的差异显现在社会形态上，西日本是横的地缘连带，东日本是纵的主从关系。宗教也不同，西国信奉天照大神，东国祭祀鹤冈八幡宫。

网野善彦说：日本战败后，如果北海道、九州或者东日本和西日本等被分割占领，并且在冷战下像朝鲜半岛那样持续五十年，那么，这个列岛上不要说两个以上的国家，形成两个以上语言、文化不同的“民族”也不能说绝无可能。

表与里

日本狭长，陆地部分主要有四岛；看地图，有人说它像虫，有人说它像弓，若扯上一根弦，咱大陆搭箭张弓，就射向大洋彼岸的美国。

弧形的弓把是本州，古时也叫作秋津岛，是日本第一大岛，居住着全国百分之八十的人口。它的西侧是日本海，东侧是太平洋，所以中国人冷眼向洋看世界，眼光要越过日本。日本海由日本、韩国、朝鲜、俄国环抱而成，上世纪 90 年代以来韩国和朝鲜起而反对以日本称此海，要求改称东海什么的，但日本反驳，若没有日本列岛，这片海也就是太平洋了。对于我们中国人来说，日本海这个名称每每与历史事件相关，如今乘飞机往来于北京与东京，在它上空飞来飞去，便利之余，饱览这一片汪洋。我国离日本海最近的地方叫防川，听说近年那里建起望海阁，因日本海沿岸的大片领土被俄国霸占，只能远眺为乐。可能很多人不知道，中国仍然有经由图们江进出日本海的出海权，或许有一天能顺江而下，越海直抵日本也说不定。

渡日本海而来，最近的是新潟。本州的中央山脉绵延，高峰迭起，有“列岛的脊梁”之称，从西伯利亚吹来的风雪受阻，都降在了日本海一侧，太平洋一侧就少雪。明治以后太平洋沿岸日益现代化，成为繁荣的表面，被称作“表日本”。相对而言，日本海一侧，主要是新潟、富山、石川、福井这几个县，则属于“里日本”，远远落后。以前也有人把日本分为“海洋性日本”与“大陆性日本”，大概前者为蓝色文明，后者即黄色文明。明治初年“里日本”还自诩富甲天下，全国更不见其比，但二三十年过去，日益滞后，齐声抱怨国家不援助“里日本”建设像“表日本”的横滨那样的良港。表里之说出现于1900年前后，反映了地方差别，自1960年代经济高速发展，表与里的地方差别更明显，但人们的神经更敏锐而娇贵，恐有歧视之虞，不再堂而皇之地议论。

“穿过国境的长隧道，那里就是雪国了”——“里日本”是雪国，自然及人事都具有特殊性。据说“里日本”靠山的地方在地球上雪最大，积雪压垮屋顶的灾难也时有发生，犹如雪地狱，但因为是祖辈的热土，就还要住下去。“表日本”

产生了源赖朝、丰臣秀吉、德川家康等左右历史进程的人物，而“里日本”，神话里的大国主命把天下拱手让给了天照大神的孙子，净是些失败的人物。一方风土养一方人性，“里日本”人具有共性：能忍耐，有毅力，质朴勤勉，左邻右舍交往深，政治上关心本地，不关心国家。当然也不是铁板一块，有这样的说法：富山多贼，石川多丐，福井多诈。喜欢自己的家乡富有人情味，新潟居全国第一。对当地生活的满足程度是石川第一。本来有主张，但不利的时候就默不作声，这种人富山最多。因为比起维持职业传统的勤勉态度来，资本主义经营更需要创造新生活的志向，所以地方气质也是在产业革命时期形成“里日本”的因素之一。过于较真，出事自己担待，也导致“里日本”人往往把事情看得太重，容易走绝路，特别是冬天里连阴飞雪，令人抑郁，自杀者尤多。

已故的田中角荣总理是新潟人，1976 年因受贿被捕，舆论纠劾他把国家预算变成囊中物，为家乡谋利益。虽身陷囹圄，在家乡选区仍然以最高票数当选议员，可见“里日本”选民对国家政策一向倾斜“表日本”怀恨之深。当年田中角荣搞“日本列岛改造论”，试图解决地方差别，国道通到山村，但大路坦荡，四十年来新潟县人口四分之一以上外流，“表里”更难以如一。

人与猴

朋友来日本观光，惊奇还有耍猴的。

宋《太平广记》记载蜀国有一个叫杨干度的人会耍猴，大概日本人最初见识这把戏的是遣唐使。现在日本仍然耍，而且他们也爱看，耍的人和猴时常上电视。有一个“日光猿军团”，老窝在栃木县日光，赫赫有名，老板靠一群猴子发大财。

单说一个酒字，在日本就是说清酒（日本酒），单说花就是樱花，单说猿就是“日本猿”。他们叫“猿”，而我们通常叫猴。日本地方小，物种自然少，而日本猴是自来就有的，陈寿《三国志》记之为猕猴，尾巴短，红脸红屁股。1960年在青森县下北半岛发现了猴群，被认定是地球上栖息最北的，雪地里猴子泡温泉乃日本奇景之一，人见人笑。再往北的北海道不生猴，琉球列岛和朝鲜列岛也没有野猴。

据考古发现，原始的绳文时代人爱吃猴。675 年天皇颁诏，禁食牛马犬猿鸡。19 世纪中叶英国人 Robert Fortune 造访江户，肉铺里没有牛羊肉，几家店头挂着猴子，剥了皮，人模人样的，看着很可怕。1945 年战败，日本猴数量锐减，因为粮食难，给人捉来吃掉了——人向来只顾自己活，这就是人性。

牛马犬为人所用，食之不仁，鸡下蛋报晓，也不该被吃，那么猴子呢？它可以当“弼马温”，好像在中国这只是《西游记》的故事，而日本的武家马厩里真的养猴子以避马瘟，或者放上猴头盖骨发挥作用。日光东照宫是德川家康的遗骸所在，殿堂辉煌，有一神厩舍，也就是马厩，上面雕刻了好些猴子，游者必览。其中有三猴，掩耳的，捂嘴的，遮目的，那意思是“非礼勿视，非礼勿听，非礼勿言”。

白居易有诗：年衰自无睡，不是守三尸。何谓三尸？原来人体寄生的虫子叫三尸，是天帝安插的奸细，每当庚申之夜，趁人睡熟了上天去告发其罪，天帝就让他早死。人创造了神，当然也自有对付的高招，那就是守庚申，瞪眼不睡觉。这个道家之说在唐代传到了日本，起初权贵们藉以秉烛夜游，几个世纪后佛教、神道都掺和进来，形成了庚申信仰，江户时代大为流布。申猴酉鸡，这信仰又拉上猴子。村人们三年搞十八回庚申活动，立一块石碑，以资纪念，叫作庚申塔。上面常刻有三只猴，不见、不闻、不言。明治以后庚申信仰被当作迷信破除，耍猴也灭迹。经济大发展，百废俱兴，1970年代山口县人复活了耍猴。一个在日光开铺子的，从电视上看见了，也弄来两只猴子干起这营生，逐渐壮大，1990年组建了“日光猿军团”。本世纪又有人搞了个“日本猿军团”，还惹起一场商标权官司。

日本人喜欢猴子，终归因为它像人不是人，可以当笑料。所谓“猿面冠者”，就是长得像个猴，尖嘴猴腮，历史上最有名的是丰臣秀吉。画上也都这么画，跟肥硕的德川家康正相反。小说家柴田炼三郎为丰臣辩护，说他不矮小，而是“瘦躯”，瘦躯的英雄们下场总是悲惨的。

尾崎行雄号咢堂，被称作议会政治之父，也曾主张用英语取代日语。他在《咢堂自传》中写到福泽谕吉，称之为先生，道：“那时先生一边用镊子拔鼻毛，一边用古怪的眼神斜视我的脸，问道：著述什么的打算给谁读呀？我不高兴他那种态度和用词，但压住怒气，一本正经地回答：为了给一般有见识的人看。先生便训斥：你这呆子！要写给猴子看！我写总是抱着给猴子看的念头写，世上这就正好。还做出诱人似的笑。”

日本有不少来自猴子的谚语，如“猿智慧，牛根性”，猴奸与牛劲儿相对，一张一弛，迪斯尼电影也常用这两种性格搭档。“猿智慧”不过是小聪明，甚而很可悲：有一个岛，好似花果山，岛上有五百只猴子。某日，一猴遥望大海彼方，想象那里更美好，便跳进海里游去。众猴见那猴子一去不复返，认定它找到了好地方，也一个跟一个地下海，从此不知所终。

陪友人逛了日光之后，偶然在图书馆里看见一本书，叫《世界的三猿》，原来世界到处有三猴文化，甚而四猴五猴，捂裆的，捂腚的。我们的子曰本来是四勿，还有一勿是“非礼勿动”，有几人能像颜回那样“请事斯语”呢？人终究是穿裤子的猴子。

祭

日本很好玩，其一是有各种各样的“祭”。

祭，大都是神社及当地居民所为。明治维新后独尊神道，神化皇威，新政府下令神佛分离，例如东京浅草寺便分出个浅草神社，观音祭也一分为二，浅草神社5月搞“三社祭”（祭祀三个开创浅草寺的人，旧称三社神明社），而浅草寺3月搞法会，叫“示现会”。京都祇园祭是日本三大祭之一（另二祭是大阪天神祭、东京天王祭），已经有千余年历史。“祇园精舍之钟声，有诸行无常之响；沙罗双树之花色，示盛者必衰之理”，这是《平家物语》的开篇，让人不由得念佛。操办祇园祭的本来是祇园社，供奉素盏鸣尊，乃天照大神的弟弟，被比作守护祇园精舍的牛头天王，神佛混在，废佛毁寺便改称八坂神社，祭也单是神社活动了。大概东北三大祭之一的仙台七夕祭最不含宗教性，起初或许有勉励妇女之意，现今完全是一个观光节目。没有教典，也没有说教者，是日本传统信仰的特点，基本活动就是祭。据统管全国约八万神社的神社本厅调查，大大小小的祭多达三十万，看是看不过来的。虽各有巧妙，但外行看热闹，无须处处看。三社祭以勇武著称，却听说那些抬神舆的多是暴力团分子，借以发威。

商店搞促销活动也叫祭，而学园祭、映画祭相当于我们说校园节、电影节，祭这个字被用得太广泛，已经不可能给它下个定义，恐怕外语也难以迻译。既然还用着汉字，搬回来就是了，虽然这也使我们对日本的了解常不免望文生义，强作解人。

按中国古义，聚集为“会”，祭祀土地神为“社”，宋代儒学家笔下有“乡民为社会”之语，1875 年日本人福地樱痴用“社会”一词翻译英语的 society，再被我们拿回来，沿用至今。祭当初是祭神，供它吃喝，还给它唱歌跳舞。可是，神给人一副躯壳，又给了一颗自私的心，祭来祭去就不单是讨神欢心，而且想方设法让它替自己办事，遂心所愿。中国改革后恢复了解放后扫荡殆尽的祭孔祭黄帝，庄严肃穆，但祭神祭祖之意不在神或祖，在乎尊重既成礼教也。祭还有另一面，那就是打破日常的社会秩序，甚至借机发泄一通对神仙老子的怨气也说不定。日本更多见这样的祭，看他们抬神舆、拉花车简直像胡闹，今年三社祭竟有人登到神舆顶上，被警察逮了去。不过，日本人办事认真，敬神如神在，胡闹也显得一本正经，而中国人聪明，以至要教育他们做到领导在跟领导不在一个样。

自娱，娱人，人们乐此不疲，祭便得以绵延。商人抓商机，更是唯恐天下不祭。大规模的祭，如京都三大祭之一的时代祭起始为纪念平安京建都一千一百周年，例行百余年，不过是化装游行而已。值得赞叹的是做工精良的华丽服饰都经过严密的历史考证，不是从舞台上搬来的。目莲救母，释迦不肯援手，只是出了个请鬼吃饭的主意，叫盂兰盆会，被日本民间略为一盆字。也有人把盆字坐实，解释为用素陶的器皿盛食物上供。盆时跳舞叫盆舞，最有名的是德岛的“阿波踊”，男女老少沿街起舞，招徕四方。富山的“噢哇啦风盆”被高桥治写进小说《风盆恋歌》里，近年闹得很红火，交通、旅游等行业推波助澜，五千人口的小城三天里涌来二十万游客，就不好从祭神来解释了。

日本没有中国式的城墙，不曾把农民挡在城外，彻底隔离了自然，似乎也就没形成中国特色的城乡差别。祭的原初目的是祛病免灾，祈祷五谷丰登，更能使城市保留些农耕气息。东京的芝大神宫有祭，长达十一天，被取笑为“夯拉夯拉祭”。传说由井正雪造德川幕府的反，在饮用的川水里投毒，偏巧有一位老婆婆洗生姜，姜能解毒，怪不得孔子是不撤姜食的，姜水就救了江户居民。“奄拉奄拉祭”供姜，过去有农家开市卖姜，现在也还卖，却是神社的生意。成束的生姜，绿茎黄根，还有段嫣紫，能亲近一下农业色彩。

神道

日本到处有神社。清末黄遵宪驻日四年余，说“三千神社尽巫风”，现而今甚至说神社有八万之多。走到哪里遇见了，也过去看看，有时还学着给神塞钱，把硬币丢进囚笼似的“赛钱箱”——经常是五元，自动贩卖机不能用，但谐音“御缘”，而十元就成了“远缘”，于是拿小钱酬神也心安理得。外国游客多，东京明治神宫的钱箱“国际化”，里面有各国硬币，多达七八百种，神们闲下来也可以玩玩收藏或倒汇。似乎日本神总在睡大觉，当啷一声投了钱，还得拍两下掌才叫得醒；葬礼也拍手，但不能拍出声，以免惊起了死人。隔着“赛钱箱”奋眼望去，黑黢黢到底弄不清祭祀着什么，对神道便大感神秘，难怪凡事不明底细或故作高深，文化的心理的，往往都推到它那里。

神社类似中国庙，但当初神社无片瓦，学了庙宇才大兴土木。最常见的是八幡神社，历史小说家司马辽太郎说，5 世纪初，一群自称秦始皇后裔的人经朝鲜半岛渡海而来，供奉祖先，后来就变成八幡神。此神够神的，很爱借巫的口对政治说三道四，受政界欢迎。6 世纪后半传来佛教，八幡神又说自己本来是印度神。圣武天皇造大佛，建东大寺，八幡神跑前跑后，天皇大悦，就在大佛殿旁边修一座八幡宫，让它镇守东大寺，打这儿起神与佛搅和在一起，即所谓“神佛习合”。长此以往，日本人便养成神前结婚、葬礼念经也泰然处之的民族性。最具代表性的神社是三重县伊势市的伊势神宫及岛根县的出云大社。伊势神宫供奉天皇家祖先天照大神，而出云大社奉祭大国主命，日本列岛本来是他亲手缔造的，但天孙(天照大神之孙)下凡，只好拱手相让。神宫是皇家宗庙，很早就任由庶民参拜。神体是传国三神器之一的镜子，代替天照大神的神灵，却不见记录，从未映照过天日，有国民作家之誉的司马辽太郎也缘吝一面。古镜研究家推测，那镜子虽叫“八咫镜”，估计也就是梳妆镜大小。

问日本人信教吗，据报社调查，只有百分之三十几的人答曰信，再问信什么教，回答信神道的还不到百分之五，或许这就像我们不会说自己信土地一样。何谓神道？司马辽太郎说：“这群岛上的古人由岩石露出地面想到底下磐根之大而感到奇异，觉得可畏就马上清洁其周围，不许乱踏入弄脏，这就是神道。”如法造神，何止八百万，难怪黄遵宪也莫名其妙，吟道：“三千神社尽巫风，帐底题名列桂宫。蚕绿橘黄争跪拜，不知常世是何虫？”处处有神，为人就无处不恭敬，干起活儿来领导在和领导不在一个样。中国土地爷无处不在，可除了孙悟空动辄拘他来问话，大家并不放心上。神道迄今基本是自然崇拜，没有教主，没有教义，以“祭”为主。初来日本时好奇，哪里有祭去哪里看，看来看去，大都是抬神舆游街。与其说是敬神，不如说是社区联谊，甚而不过是麇集海内外游客的观光节目。近乎赤裸的壮丁们挤作一堆，也偶有女性夹杂其间，“往往显出神凭或如柳田国男氏所云‘神人和融’的状态”（周作人语），却未必是神道教信徒，而状态是经过练习并有人指挥才达至的。我觉得日本人做什么事都有这股劲儿，不单为神抬轿子。祭，使人暂且从日常生活的压抑下解放，装神弄鬼，以尽情欢乐。祭神如神在，本来是孔子的祭祀心态。

“神道”二字最早见于720年成书的《日本书纪》，早了八年的《古事记》还不曾出现。再往前找，就只能找到中国古籍里，即陈寿《三国志》所说的“鬼道”，女王“事鬼道，能惑众”。敬神祭鬼，可上溯到蛮荒时代，但神道之为道，把习俗及信仰“语言化”，建构并宣扬为一种思想，是13世纪中叶以后的事。15 世纪后半吉田兼俱仿照佛教三部经把《古事记》《日本书纪》等奉为古典，尤注重《日本书纪》卷一、卷二的《神代纪》。17 世纪山崎暗斋也极力推崇所谓神代卷。18 世纪本居宣长转而从《古事记》中挖掘，说日本古代是神代，那时已经有神道，编造了一个纯粹理想化的宗教世界。比本居早生五十年的儒者太宰春台不以为然，说："现在的人把神道看作我国之道，与儒佛并列，以之为一道，此乃大谬也。神道本来在圣人之道当中。《周易》有云：观天之神道而四时不忒，圣人以神道设教，而天下服矣。'神道'始见于此文。"平田笃胤私淑本居，一心要证明日本为万国之根本，天皇乃万国之宗主，骂太宰狭隘乖僻，诽谤大日本。到了现代，佛学家铃木大拙斥神道为儿戏；史学家津田左右吉则断言，神道这东西，起码平田派鼓捣出来的形式，过去的日本不存在。视司马辽太郎为敌手的哲学家梅原猛说："平田对所有不纯的神道加以攻击，所谓不纯的神道，是指受佛教影响、按佛教教义来思考的神道，但实际上，神道当初就是受佛教的刺激与影响，为对抗佛教而编造的。"其实，"记纪"二书中的神话并非从远古流传下来的东西，那是有意伪造的，以使天皇家为中心的政权具有正当性。梅原说国学家的思考方法好似剥洋葱，他们以为剥掉所有儒教的东西，剥掉所有佛教的东西，最后剩下的就是日本固有的东西。可是，从日本文化去掉所有的外来文化就什么都不剩了。本居、平田们名之为古道的东西也多是舶来品。神道家何患无辞，我却不信，且不禁替李泽厚担心，他那么偏信“日本不仅保存了许多神话，神道观念也始终浓厚”，“长久渗透在日本文化和日本人的心理中”，拿来作背景比较中日文化心理，岂不是违离史实，乖谬本义？

神道真正成气候是明治维新后。自 1633 年，德川幕府先后五次颁布锁国令，1853 年被美国舰队一恫吓，就签订一大堆不平等条约，洞开了国门，幕府随之像清廷一样垮台。皇权旁落七百年，能重新夺回到天皇手中，神道功不可没。明治新政府定神道为国教，令神佛分离，八幡大菩萨也改称八幡大神。轰轰烈烈开展全国性神道教化运动，强化以天皇为中心的体制，统合民众，振奋精神，转眼之间日本妖魔化。发动了几场战争，终于惨败，国土被美军占领，麦克阿瑟成为国家神道的终结者。虽说老兵不死，但五六十年过去，白云苍狗，回来的是神道。这道上走在前面的，小泉是一个，蓬松着野武士似的头发。

宗教

日本有新年参诣祝祷的习俗，去哪里参诣呢？人在东京的话，两大去处最热闹，明治神宫和浅草寺；前者是神社，后者是佛寺。

明治神宫那里年轻人多，结伴而来，除夕未旦已排起长龙。在警察的引导下走走停停，总算挨到大殿前，拍拍手，以示见神心喜，但还来不及许愿，就给人流冲走。“赛钱箱”这时就太小，于是用布匹豁然围出一大块空地，让人们往里投钱。成排的警察戴面具，不是防暴，而是防硬币如雨。年轻人未必信神，参诣明治神宫是因为那一带平日就是他们熙熙攘攘的欢乐街。参诣浅草寺多是中年以上的人，挈妇将雏，当然也未必信仰寺里深藏的圣观世音菩萨。

明治神宫是为祭祀明治天皇及皇后修建的，历史才八十多年。不占名山，使东京城里多了一片绿树掩映。树有十七万株之多，主要是柯、楠之类常绿乔木，却不见荫翳旧神社的参天杉树，听说是土壤不宜。神宫是高规格的神社，也只是负责一方水土，保佑一方人平安，类似我们的土地庙。老百姓因地制宜，家门口有庙朝庙，有社拜社，一般不会像当着总理大臣的小泉那样大老远跑到伊势的神宫，穿上燕尾服鞠躬。新年参诣，其实是自己给自己拜年，人到心到。像好多事情一样，年年例行，人生就多了些回旋与跌宕，免得像大江东去，一江春水向东流，至于里面祭坛上究竟神乎佛乎，又何须多问。

日本早就有本地垂迹说，神佛同体。此说最初产生于印度。释迦灭后，佛教分成两派：一派像释迦一样修行，以达觉悟，是小乘佛教的来头；另一派崇拜释迦遗骨，要靠佛的伟力获得拯救，后来发展为大乘佛教。两派都笃信弥坚，释迦在历史上就不好做人了，于是说他是不生不灭的佛在世间显现的人样。4 世纪佛教在印度式微，印度教兴盛，佛教僧侣便对抗说，印度神是佛垂迹于世上，显姿弄影。这个说法从中国再传到日本，千奇百怪的日本神都变成佛的身形，远来的佛与坐地的神相结合，落地生根。例如八幡大菩萨，广为人知，其由来据说是 8 世纪有一个叫道镜的和尚，给女太上皇治好病，得宠掌权，大兴土木建佛寺。位极人臣，便生出篡位之心，说宇佐八幡神说了，天皇让位则天下大治。女皇（太上皇重新登基）疑虑，派人去宇佐确认，原来是神官们伪造。道镜失势，下一代天皇给八幡神上了一个护国灵验威力神通大菩萨的封号。13 世纪日莲开创日莲宗，说天照大神是南无妙法莲华经的守护神。佛与神，譬如水与波，佛是水，神是波，后来神道羽翼渐丰，翻案说神是水，佛是波。

明治维新后，政府为建立以天皇为中心的国家体制，独尊神道，祭政一致，令神佛分离。但水与波的神佛在人心里判然分离又谈何容易，拆不开，理还乱，至今人们照旧是活着参诣神社，结婚上教堂，死了请和尚念经送葬。人死了成佛，却供在神社里，岂非咄咄怪事。教堂结婚也要看日子，佛灭之类的凶日是必须避开的，这又是道教信仰了。20 世纪初黎民百姓也效仿皇太子（后大正天皇）大婚，在神社举行婚礼。后来又礼佛成婚，喜气洋洋，让抛家舍业的释尊眼看着，真不知是何居心。信仰驳杂而暧昧，这种现象可能是从外边拿来人家的文化、思想及主义都难以避免的，恰似一张白纸，没有负担，什么都往上画。

宗教，就现在使用的涵义来说，是明治年间日本人迻译“religion”的造语。儒教不考虑个人拯救，把这件事交给了道教和佛教去做。在我们中国人的印象里，日本人都信奉佛教，这与日本独特的寺檀制度有关。17 世纪初德川家康当上征夷大将军，在江户（今东京）开设幕府执政，不久即下令禁止天主教，捕杀传教士。长崎率先用“踏绘”，就是让人践踏耶稣、玛利亚的画像，验证是否天主教。禁教严酷，又遭逢天灾，交不上租子，饿殍遍野，信奉天主教的农民把一个十四五岁的少年装扮成救世主，啸聚起义。幕府出兵镇压，连女人孩子也格杀勿论。清末使日的黄遵宪在《日本杂事诗》中描述了这一事件，云：“万头骈刃血模糊，脚踏升天说教图。今日铸金悬十字，几人宝塔礼耶稣。”此后，为根绝天主教信仰，幕府施行寺檀制度：各家各户都必须属于某一座寺庙，世世代代请该寺做葬仪等法事，外出旅行也需要由寺里开路条。若不好好当檀那，供养众僧侣，就可能被诬以天主教。大概就是从这时起，日本和尚总是忙着给死人念经了。宗教完全变成了幕府的统治工具，骄奢淫逸，令民众怀恨，所以明治政府下令分离神佛，不少地方就在神职、国学家、儒者、官吏的指点下焚寺毁佛，乃至勒令僧侣还俗。不过，寺檀关系迄今犹存，家里死了人，就去找以前的寺庙，也许这时才知道自家所属是何宗何派。神道不管死人的事，因为死是秽，不净。日本好像从未有过儒教式丧葬。

明治政府怕危及天皇的神圣，虽然做样子给欧美人看，把禁止天主教的“所有在地踏像、当道立木，概行撤废”（黄遵宪语），但实际上仍然像幕府一样禁教。可是，只要不解禁，实行信教自由，西洋人就不跟你谈废除不平等条约，万般无奈，明治政府这才解了禁。莫非不曾用炮舰相逼，伊斯兰教几乎没传来日本。有资料统计，现有基督教徒一百多万，比黄遵宪时代也没多出多少，虽然圣诞节越过越热闹。

为崇拜天皇，把天皇绝对化，明治政府对神社也进行了整合，分为国家、府县、村三级管理，有如金字塔，顶尖是伊势神宫。黄遵宪有诗说“三千神社尽巫风”，这个数字应该指的是此类国营神社，实际还不足两千。老布什那一代美国人吃够了神道的苦头儿，占领日本后禁止国家从政治上经济上援助神社，不许弘布神道思想。近年来时来运转，明治时代的神道大有还乡团之势，出书也叫作《神道的反扑》什么的。本来日本人对宗教并不执著，无可无不可，那个小泉梗着脖子拜神祭鬼就别有用心。小布什这一代却好了伤疤忘了疼，只当没看见，反正珍珠港的伤疤，疼也是疼在老爸们身上。

看报纸上卖墓地的广告，常有句“不问宗教”，就是说，信神信鬼信上帝都走到一起来了，阴间地府全球化，说到底，是什么也不信。三十年前日本勃兴海外旅游热，指南上告诫，对欧美人不要说对不起，不要说不信教，因为说对不起就揽了责任，说不信教就等于说自己不是人。不过，尽管不信什么教的人多达百分之七十五，他们却拥有一颗宗教心。敬业，即出于此心，所以画家画娼妓也会让张爱玲觉得那态度“倍异的尊重与郑重”，“很难得到我们的了解”。他们爱劳动，似乎劳动本身即目的。这可能是天皇的祖先天照大神留下的传统，她像我们的织女一样当户织，唧唧复唧唧。看他们做事，烧陶也好，烹饪也好，不就是切切生鱼片嘛，那股子认真劲儿，不知是鬼魂附体，还是上帝与他同在，就在旁边看着。而我们欢呼的孙大圣，看炉子偷丹，管园子偷桃，造反有理。宗教心出于对自然的敬畏，不无原始性，但人类发展到今天，就显得难能可贵了。大小神社基本都属于个人家，子或女继父业，即使是无神论者，却要靠神事这一行吃饭，不能不敬业。宗教团体像公司，公司像宗教团体，就像在一个敬字上。我们在吃喝上特别有宗教心。民以食为天，敬天，却也要胜天，敬而不畏，可就吃坏了党风吃坏了胃。

国语问题

内田百闲是夏目漱石的弟子，随笔写得好，洒脱有趣，据说为人却极其固执。譬如1960年代某出版社刊行《日本的文学》一百卷，标榜是破天荒使用战后新文字的文学全集，但内田抗拒文字改革，唯有他那卷旧态依然。不过，死后十八年的1989年，遗属终于背弃其遗志，改用新文字，虽然当前犹限于文库版。

日本内阁2010年11月30日颁布新《常用汉字表》，计2136字，比1981年的汉字表增加191字。京都大学大学院教授阿辻哲次有汉字博士之称，担任文部科学省下辖的文化审议会国语分科会汉字小委员会委员，参与了《常用汉字表》修订。日前他出版一本《战后日本汉字史》，对战后六十年汉字在日本的“蒙难”缕述甚详，剖析得失也颇中肯綮。中国是汉字的本家，面对西方文化的盛气与威势，汉字也被当作替罪羊，近代以降所受的磨难或许更多些，因而读此书不单能知道些日本逸事，似乎也不妨为鉴。

日本语，这是日本对外的称呼，对内叫国语。国语问题是日本的历史问题之一。表意文字的汉字悠久地充当汉文圈核心，随清朝的衰败而式微，1866 年幕府臣僚前岛密向末代将军呈递了废止汉字的奏折，建言用假名（日本字母）普及教育。明治政府第一任文部大臣森有礼试图用英语取代日语。福泽谕吉在《文字之教》中主张对汉字加以限制，像当今对待核武器一样逐步废除。创造了哲学、自由、理性等词语的西周倡议以洋字写国语。以减轻国民生活中的汉字负担为由，文部大臣监管的“临时国语调查会”于 1923 年发表《常用汉字表》，计 1960 字，这是日本限制汉字之始。却不料发生关东大地震，未付诸实施。限制汉字可节省工本，报社尤为欢迎。1942 年国语审议会提出《标准汉字表》，附有简易字体，容许世间通用的略字或俗字，例如乱（亂）、国（國），但当时正起劲鼓吹与中国“同文同种”，建设“大东亚共荣圈”，限制汉字之举遭军政府反对，也未至施行。

如果说以往八十年对汉字是自贱自残，那么 1945 年 8 月 30 日麦克阿瑟将军叼着烟斗走下舷梯，又飞来美国人对日本文化的横加干预与压制。天皇本来是人模人样现于世上的神，只好变回人，政治及经济体制乃至所有领域都被迫进行史无前例的变革。为改革教育，请来“美国教育使节团”，考察一通，提出了报告，其中有一章《国语改革》。以占领为背景，使节团无视或轻视日本的传统及国情，一心把欧美人的想法搬到日本来。他们认为，“日语大部分用汉字写，要记住那些汉字对于学生是过重的负担”，“在教育的最初阶段，时间浪费于记这种文字的苦斗”。于是提出了三个方案：一是减少汉字数量；二是全废汉字，采用某种形式的假名；三是汉字、假名全废，采用某种形式的罗马字。据他们判断，“假名也不如罗马字有利，罗马字大大有助于民主主义的市民精神和国际理解的发展”，“相信汉字作为一般的书写语言早晚应全废，采用音标文字系统”。而“现在”，一败涂地，一张白纸般没有负担，“正是迈出国语改革值得纪念的第一步的绝好时机，恐怕这种好时机今后多少代也不会再来”。

人心惶惶，对汉字的世论由限制一下子转向废止。甚至被捧为“小说之神”的志贺直哉也发表废除日语论，意思是日本人大概因使用日语而发动了战争，那就把日语废掉罢，改用世界上最好的语言——法语。有意思的是，他根本不懂法语。占领军下战车伊始，命令日本政府把车站、道路等的牌子用英文（战争期间日本称之为鬼畜语言）标示。一位三十出头的美军官主管教育，让日本人调查识字水平，水平低就证明汉字难，难就必须废除。可是一调查，文盲仅为百分之二点一，为世界罕见，那军官竟要求修改这一结果，日本调查者虽然是主张改用罗马字的，却不肯歪曲事实。

以作家山本有三为首制定出《当用汉字表》（当的意思不是应当，而是当前，属于误用汉字，在某种程度上，汉字的日本特色就这么形成的），为1850字。此汉字表属于向废除汉字、改用罗马字的过渡，在宪法公布十三天后，吉田茂内阁于1946年11月匆匆颁布于世。它规定了法令、公文、报刊及一般社会使用汉字的范围，表内若没有就必须写假名，对汉字是一表限制。时值社会一片混乱，人们忙于在废墟中找食，谁顾得上文字问题。说来天皇制和汉字那时候废也就废了，历史上不乏先例，但日本是幸运的，美国很快又投入朝鲜战争，需要日本做帮手，不再过问汉字，即便是阻碍民主化的劳什子。

1950年代中期，中国也戮力推行文字改革，大有汉字不久将消亡之势，影响及于日本，国语审议会热衷于限制并废除汉字，或者用罗马字，或者用假名。但舆论不是一律的，莎士比亚戏剧翻译家福田恒存奋起反对。他指出中世因大量使用汉语才克服了方言差别，况且和汉字同样，英语拼写对于记忆也是个负担。1966年文部大臣明言，国语表记以汉字假名混用为前提，不考虑废除汉字。1981年颁布《常用汉字表》，增加95字，计1945字。此表不再是限制，而是一个宽松的标准，日常使用汉字相当自由了。内田百闲也可以我行我素，这是一种可贵的坚守，却也给在《当用汉字表》之下生长的世代（大致相当于中国长在红旗下的一代，即简化字世代）及其后代们平添些麻烦。

废除汉字的理由之一是不利于国际竞争，对此，有保守派论客之称的福田恒存1960年写道：可以充分消化汉字假名混用文的机械未必不会被发明。1970年代末，日语文字处理机问世，长年主张限制汉字的语言学家金田一春彦痛快地转向，说常用汉字数量可增至三千左右。计算机、网络发展并普及，文字由写变为打，汉字限制论消失殆尽。日本把閒字略为閑，网络上百閒常常被打成百間。

学历的今昔物语

乍到日本，那是上世纪80年代末，因来自中国的大陆，很有点友邦惊诧，惊诧这资本主义国家居然看不见阶级及其斗争，醒目的是学历、学历社会之类的话语，乃至刺眼。原以为学历社会那就是大多数人持有一纸大学毕业的文凭，起码是两年制短期大学的，但曾几何时，听说中国也已是学历社会了，这才想弄清究竟什么叫学历社会。时代使然，中国的发展是跨越式的，不免就带些畸形。或许不过破了一点皮，便以为蜕变，这种事情也常有。所谓弄清，也就是找一本书读读罢了，读的是《学历社会史》，副题“教育与日本近现代”，1992年出版。著者天野郁夫是教育学家，研究教育制度及教育政策对于日本社会的意义，1983年出版《考试社会史》曾获得三得利学艺奖。

通过教育来解析日本近现代社会的基本构造，视点该定在哪里呢？天野抓住了考试和学历，这是教育与社会的接点。关于学历，他写道："学历是学校、学业的履历，本来是个人的东西。上哪个学校，从哪个学校毕业，填写履历书的学历栏是这种个人有关学校与教育的经历。学历具有了社会意义，被当作指标、尺度，给人以社会性评价并定位，重要性增加。就是说，学历从个人的东西变成社会的东西。学历社会，学历主义支配的社会，就是指学历所具有的社会意义或机能显著增大的社会。"他尽其可能地利用传记、自传、升学指导、就职指南以及文学作品等资料，寻根溯源，缕述原本是个人的东西如何演变为社会的东西，即学历如何起到从社会的角度评价人，将其人置于某种序列的作用。

一百多年前，我们把日本加以近代化改造的汉字词语拿回来，得心应手，以至今天不用这些外来语就只有哑口无言了。改革开放后似乎又掀起第二波回收，职场、完败、人气云云，满不在乎地拿了来，学历社会也属于其一。学历社会似乎是日本特色，广为人知，甚而诟病，但实际上，这个词是上世纪60年代才出现的。当初媒体有这样的说法：学历社会就是人的价值由学历这个招牌来决定，和其人内在的东西如人格、能力、技术等没有直接的关系。探究背景，似在于产业结构及职业结构发生变化，与学历无关的农业、渔业等第一产业衰微，人们涌入第二产业或第三产业，学历成为谋职的通行证、敲门砖。1970 年代有一位媒体撰稿人矢仓久泰写了一本时事读物叫《学历社会》。

明治维新以前日本不知有学历二字。明治五年（1872），福泽谕吉印行《劝学》，鼓吹向学，这一年政府公布学制，提出了“邑无不学之户，家无不学之人”的宏伟目标。不过，多数人并没有认识也不相信教育及学历的价值，几经奖励，严加督促，十年之后小学实质就学率才超过百分之三十。明治二十二年，先进之区京都征兵，二十岁男子半数会写名字，但具备读书算术之普通学力者仅百分之十一。这时有个叫外山正一的，我们常见日本人三呼万岁就是他始作俑，还把“世态学”正名为社会学，他本人没有学历，却率先倡导学历，当时叫教育资格，说是有了教育资格就可以位居社会上流。常有人夸日本，夸他们拿来中国文化只是拿好的，不拿坏文化，如科举、缠足、宦官。然而说到底，科举无非考试与学历，中国自古是学历社会。日本绕了一个大圈子，还是走上这条路，而聊以自慰的，无非这学历不是那学历，乃是从欧美搬来的。

天野郁夫指出：日本教育自初就是捞学历，为的是教育资格或职业资格，所以学历社会化早就是一个宿命。明治伊始，学校是新生事物，年轻人只要进学堂就行，就可以有一个新的人生。明治过了二十年，对学问领域越来越关心。再过十年，开始关心学校的内容。到了外山正一死去的1900年前后，终于注重升学的难易程度、毕业后的就职机会以及学校所颁发的资格证明即学历，学历社会便初具原型。学而优则仕，以学历为基础的官僚任用制度加速学历主义制度化。帝国大学毕业当官僚，生源主要来自新中间阶层，教养是欧美文化。而农家子弟多是上军校，他们读不懂夏目漱石的小说、河上肇的论文，对西洋大为反感，自以为是地信奉国粹。这两路精英互相瞧不起，隔阂而对立，但同样凭学历高居于民众头上。学历社会化的过程也就是官尊民卑的过程。

学历社会实质是精英阶层或白领阶层的现象与构造，是身为精英、白领的情结。1970年前后，日本升学率达到了百分之十七以上，高等教育由精英阶段进入大众阶段。从就职人数来看，大学毕业生超过中学毕业生，上班族不过是一般大众了，精英意识也丧失殆尽。由于政策松动，1990年代私立大学乱立，至2006年新办大学约七十所，还有一百多所两年制短期大学改为四年制大学。但社会少子化，预计2020年十八岁人口减少至188万人，倘若大学升学率为百分之五十五，尚缺5万人填满校园。粥多僧少，大学的市场竞争愈演愈烈，私立大学多半招不满，连地方的国立或公立大学也常是一招不满，不得不二次招生。除非名牌大学，如今是想上大学就能上，即所谓“全入”时代。高考出的是考高中试题，甚至只要在试卷上写上名字就能录取。大学变成娱乐场所，学生不用功学习，轻松毕业，被惊呼“大学崩溃”。教育水平下降，整个民族的知识水平低下。与此同时，社会上出现“学历难民”，东京大学 2005 年毕业生多达百分之十不就职。看来学历的“通货膨胀”终将结果了学历社会。

大翔与阳菜

我姓李，随吾祖姓，大概跟那个太古远的老子没关系，听说他也姓李。至于这李是什么意思，从来没想过，或许就因为姓早已“去意义化”。但我的名，所有与我同姓的乃至全中国的人名，意义还不曾化去，且只能在起名上别出心裁，花样翻新。在通常的意义上，总有人把我写成长生，其实是长声，以后要是写绝句似的东西，就集为“长声短吟”。

日本也一样，姓山下或山边未必出门见山，姓藤原未必在官厅工作，平日里没人琢磨姓什么的意义，名却有讲究。养老孟司是名人，不是出名在本行解剖学，而是写学者随笔，大前年出版口述笔记《傻壁》，迄今已印行四百万册。其父经常到中国做生意，有汉学教养，拿孟子的“孟”给他命名，倘若再得子，就会叫孔司——我们中国人要觉得他家把行辈排倒了。现行取名不偏重传统，追求风尚。据一家生命保险公司统计，去年男孩取名，首位是“翔”，或是叫“大翔”、“翔太”。不消说，这是鹏程万里之意，可怜天下父母心，都指望生的是鹏是龙。女孩取名，“阳菜”超过了“樱”，排名第一。艳阳下一片菜花，当然是亮丽的。用“美”字也多，如美咲、美羽。女孩还爱用“凛”字，以示女性的坚毅。

中国姓与氏自秦汉混而为一，唐宋以后除了异族同化，姓几乎不再出新，同姓之下人丁增加不已。我们重视姓，行不更名坐不改姓，女人出嫁也照旧姓娘家姓，日本并没有这样的姓观念，他们过继、入赘，改姓也毫不在意。上古姓氏多源自地名、官职或职业，例如犬养，许是大陆人渡海而来，会饲养猎犬看门狗，以此营生，乃至做官。7 世纪后半，搞一次革新（大化改新），经一场动乱（壬申之乱），日本建立律令制，天武天皇制定八个姓，分配给贵族以至农民（贱民无姓），整顿秩序，加强管理。10 世纪律令制崩溃，不再编户籍，众多人等又失去姓。在武士社会，姓与刀是武士的身分标志，普通农工商没有姓，更不许腰间插上两把刀。1872 年明治政府强令千家万户给自己编个姓，登记造册，以便征税、服兵役。或有不知所措的，找官府咨询，当官的也为难，随手抓来鱼名、茶名，让他们姓了去。有一处地方，人家有姓东的，有姓西的，还有姓南姓北的，原来是当年村长按东西南北给起的，住哪个方位就姓那个方位，而村长家居中，就姓中。去年岩波书店刊行了一本《战后人名用汉字史》，作者姓圆满字（本姓），当初他祖上是怎么起的呢？

日本战败后开始限制汉字，公文、报刊等只许用一千八百五十个字，后年又增加九十二个字，供人取名用。人名用汉字逐渐增加，2004 年达到九百八十三个字（其中二百零五个是异体字，如龙字有繁有简，富字头上或有点或无点）。虽然去掉了粪癌蛙鼠之类的字，但若把狼猪粥饼等字放在大名里，我们也觉得好笑。日本汉字大都一字多音，读法未加限制，所以同样是“大翔”二字，怎样念随心所欲，竟多达七八种，让人不敢张口就叫，以至填写姓名须标明读音。养老先生的“孟司”像他的文体一样怪，读法与北野武的“武”相同，莫非暗含了汤武放伐之意？

名随主人，落实到日本人，我们随的是汉字，读法则一仍中国之旧贯。北野武，这是他玩电影的姓名，说相声搞笑的艺名是一连串假名，我们却只叫他北野武，很有点汉字霸权。男的叫太郎、次郎，按出生顺序往下排，是过去日本取名的特色，好似我们喊张老三、王老五，实在不像是大号。如今人们不多生，郎排不起来了，去年男孩取名前一百个里没一个“郎”字。女性叫什么子，从六十年前开始趋于减少，去年女孩名居前一百个只有三个带“子”的，“去子化”已成定局。“真理”之类，用的是汉字，妙在听音像欧美的玛丽，据说是近代文豪森鸥外喜好的命名法。他的大女儿叫茉莉，读若真理，是一位作家。

高三

一月的第二个星期一，这一天在日本是成人节。男女长到二十岁，不管本人愿不愿意，一律成人，从此要具备自立意识。未成人也可以结婚，但喝酒违法，当新郎的或新娘的在婚宴上只能看着贺客喝。未成年人喝酒，受罚的是父母。二十岁就有了选举权，也有权抽烟喝酒。烟酒广告上写得明白，所以走红的女歌手尚未成人，虽然干着让成年人快乐的工作，但深夜在餐馆里抽烟被狗仔队拍个正着，公之于媒体，就有点狼狈。未成年人不许抽烟的法规早在明治年间就制定了，那时是为了强兵。至于以二十岁为界，有什么科学根据，好像也没人讲得出来，我国古时候男子二十岁行冠礼。所谓成人漫画，看官须年满十八岁，也称作“18 禁漫画”。

二十岁，一般都告别了高中生活，或者升学，或者就业，去哪里当成年人，人生确实可以划一个段落。有一首歌叫《高三》，是一个叫舟木一夫的歌手在1963年唱红的。翌年，东京举办奥运会。作词的丘灯至夫当时是记者，到一所高中采访校园节，看见男女生手拉手跳集体舞，心里油然涌起了歌词。但音乐公司不看好，说它算不上流行歌曲。谱曲的远藤实不服，拉出一拨人马另立山头，让弟子舟木唱《高三》出道。一炮打响，舟木获得日本唱片大奖新人奖，在台上感极而泣，唱不成声，开歌手领奖抹泪的先河。唱片套封上的他穿着高中母校的校服。我国的校园歌曲百年前借鉴日本起步，上世纪50年代一曲《让我们荡起双桨》已大有后来居上之势，可惜像好些事情一样，小船儿轻轻，终于没能像《高三》那样推开新时代校园歌曲的波浪。大众偶像由大众捧起来，大众不打碎他，本人也无奈，舟木已年高六十几，上台还得原汁原味唱高三骊歌。每当听到它，我总不禁觉得日本人对高中时代别有感情，仿佛是一种乡愁。我们中国人感情深的好像是大学，上几年大学，人生便与众不同。

《高三》之歌风行时，还有一本书席卷日本，叫《凝视生与死——一个纯爱的记录》，是卧病大阪的女高中生道子和求学东京的恋人小实之间的四百封通信。道子写道："你是我的什么呢？将来一起过日子的希望一点都没有，连一次都没有像世上的恋人那样挎胳膊走路……"要说恋爱，高中生情窦初开，带一点懵懂，似乎特别纯。

有“下半身作家”之称（到了我国就誉为“情爱大师”）的渡边淳一写爱，也爱得俩人一起死，读来却不纯，因为他们不是高中生。纯爱离不开死，或生离死别地病死，或同归于尽地情死，而且要年纪轻轻。三岛由纪夫曾写道：“无论怎么说，年轻人情死是美好的，没有太宰治等中年人情死的不干净。自杀也罢，情死也罢，最好趁年轻，那要是帅哥靓女就更好了。同样是剖腹，白虎队比乃木大将的皱巴巴肚皮漂亮多了。”不过，太宰治情死是三十九岁，而三岛由纪夫剖腹自杀已年过四十五。

纯洁是人生论一大主题。评论家龟井胜一郎这样说：“青春时代的友情中往往含有恋爱感情，而恋爱中往往含有友情。恋爱只要不是感觉的、性的游戏，其中就必有求道之心。友情所支撑的恋爱，我认为是恋爱的最高形态。”道子和小实的纯爱是最高形态的恋爱，其实骨子里是友情。

《凝视生与死》畅销，百犬吠声，出版商隆重推出女性信札热，《爱与死的纪念——处女妻和死刑犯的纯爱记录》、《向星星祷告我的爱——女高中生日记》、《爱，并悲哀着——遗留的纯爱日记》纷纷上市，非把高中生纯爱炒到焦煳不肯罢休。四十年过去，小说《在世界中心呼喊爱》又呼起纯爱热，还偏师借重了“韩流”，但不同的是，这一回的纯爱是虚构的。有出版社趁热把《凝视生与死》翻出来，炒真实的冷饭，但今夕何夕，纯爱早已被归为非现实，假作真时真亦假，读者岂是好哄的。道子死时二十一岁，对于活下来的小实来说，对于读者来说，“道子始终是二十一岁”。在电视上看见小实先生现身说法，也买来书读，上面却不时叠印这位已经有两个女儿的老爸模样，仿佛读一本锈迹斑驳的回忆。电视有时真坏事。

说「道」

日本很爱把人为事物名之为道，如柔道、剑道、弓道，茶道、书道、华道，笼统地归为两道，即武道与艺道。柔、剑、弓之类属于武道，茶、书、华（花）之类属于艺道。我们没有这些道，有的是味道，而日本偏偏没味道，莫非饮食始终停留在不是生切就是火烤的缘故么。

单说剑道，本来叫剑术，也有人把剑禅合一，名之为剑法。织田信长、丰臣秀吉都认为剑术在战场上没用，待以白眼，练剑（单刃的长刀，就叫它柳叶刀罢）的人为求进身，把剑术改了叫兵法，自称兵法者。宫本武藏以杀人为生，称剑术为道，不过是粉饰自己的嗜杀罢了。到了明治时代，废藩置县，武士变成丧家犬。为活命计，或上街卖艺，或开馆授徒。也有人举办“击剑会”，像相扑一样比赛敛钱，但政府怕这些遗民聚众滋事，予以取缔。数年后开禁，许可从事“剑术业”，但部分舆论仍抨击为无益之业。1882年，一个叫嘉纳治五郎的人开武馆，把古来的柔术改称柔道，武馆名为讲道馆。之所以改术为道，他说，一是因为世人对包括柔术在内的传统武术没有好印象；二，术是应用，而道为原理，当然也不好叫“柔理学”、“柔理论”什么的，那就新过了头。当时教育部“就击剑柔术等在教育上的利弊”搞调查，结论是否定，嘉纳越发从精神修养、人格陶冶上强调柔道的教育价值。嘉纳能忽悠，但道字一时也不易普及，例如以老外写日本出名的小泉八云写了一篇随笔《柔术》，嘉纳译载在自己的杂志上，硬给人家改成了柔道。

风云际会，日本对清、对俄打赢了两场战争，国粹大兴，掀起武术热，武馆兴隆，击剑、柔术也编入中学体育课。嘉纳治五郎鼓吹柔道完成自我、补益社会，适应了文明开化的近代社会。影响及于其他武术，在1910年前后，剑术也叫作剑道了。1919年，以官方为后盾的大日本武德会把剑术、柔术、弓术改称剑道、柔道、弓道。某学校明示：废除多含游戏之义的术字，采用标举人性修行的道字。1926年教育部把条例中的击剑、柔术修改为剑道、柔道，1936年列为必修，目的是振起攻击精神、练就实战性气魄。

文学为虎作伥，最大的虎伥是吉川英治的《宫本武藏》

（报纸连载始于 1935 年）与富田常雄的《姿三四郎》（1942 年出版）。后者的原型就是讲道馆，主人公姿三四郎的前辈户田雄次郎源自小说作者的父亲。职司宣传国策、引导舆论的情报局大力推荐《姿三四郎》，黑泽明拿它执导了第一部电影。这两部武道小说把武道的意识形态大众化。1945 年美军占领日本，当即禁止了武道活动及教育，日本政府跟着把武道一词也禁了，而后来以体育之名复活武道的也是这政府。武道教员像早年的武士一样丢了饭碗。日本又卧薪尝胆，过去把欧美传入的体育武道化，这回把武道体育化。道字犹在，不免仍带些遗臭，但好些人的醉翁之意正在于此也说不定。

道高于术，高于技或法，这种哲学可以到庄子那里找根源。实际上日本人平时并不大说“道”，剑道叫剑术，书道叫习字，花道叫插花，出版之际往往叫花道大全、茶道全集什么的。茶道本来叫茶汤，19 世纪末才与时俱进，游乐、技艺都道貌岸然了。总之，道可道，似乎也不很非常，我们中国人最可以会心一笑。

缩小

一自美国人以“耻”与“罪”比较日本文化与西方文化，便不断有人著书立说，试图以一字论定日本。其中令人大感兴趣的，是韩国学者李御宁的“缩”。十五年前他在日本出版《取向“缩”的日本人》，畅销一时。同胞却群起而攻之，或曰“切”，或曰“扩”，不一而足。一个民族及其文化本来是可以从各种角度分析的，见仁见智。

李御宁论说日本文化有六种缩法，其一是折扇式，能折叠的提灯和雨伞也属于此类。中国的“美人病来遮面”的团扇传到日本，被改成折扇，缩而小之，平安时代的贵族女性整日价拿在手里。折扇的形状和团扇不一样，打开来颇像富士山的倒影。江户时代汉诗人石川丈三的七言绝句《富士山》很有名：“仙客来游云外巅，神龙栖老洞中渊。雪如纨素烟如柄，白扇倒悬东海天。”在他眼里，富士山变成一把扇子。那不是《西游记》里能大得让孙悟空也扛出一身臭汗的芭蕉扇，而是供凡人把玩的折扇，小巧玲珑。倒挂在东海的天际，更衬托出小来。

换中国诗人来写，富士山会什么模样呢？不必请大唐帝国的李白，他笔下的燕山雪花尚且大如席，况乃日本第一峰。就找来日薄西山的清末黄遵宪，他见过富士山：“拔地摩天独立高，莲峰涌出海东涛。二千五百年前雪，一白茫茫积未消。”试将这两首咏富士加以比较，不难觉察日本人的国民性格中确乎隐含着一个“缩”字。什么都被他们往小里缩，把浩大的世界一点点缩到自己的身边，甚而要变成囊中之物。中国人歌吟“窗含西岭千秋雪，门泊东吴万里船”，本来都收缩在窗口门前了，却偏要用“千秋”、“万里”一下子扩大开来，冲破框界，便也不得安宁。

“缩”，眼下的典型就是满街移动的携带电话，愈缩愈小。缩小是日本人的传家绝技。美国人发明集成电路、电脑，他们便拿来施展一番改良改善的本事，大缩其小，然后再卖遍世界，让高头大马的美国人哭笑不得。以司马史观名世的历史小说家司马辽太郎认为，这种“缩”的本性大概是祖先的遗传。据说，对遗传基因调查研究的结果，日本人可能与中国人或朝鲜人不大有关系，而是和匈奴的后裔布里亚得蒙古人相近。他们是生息在贝加尔湖一带的骑马民族，尽可能把东西缩为“迷你”尺寸，以便于游牧。

“缩”来“缩”去，某些日本人拼命缩小南京大屠杀的数字也就不足为奇，当然我们不好说人家是民族性作怪。关于缩小，司马辽太郎在随笔集《历史中的日本》里还留下这样的话：“看东西，把自己缩得极小，可能的话，变成空中的一点，这时能看得最鲜明。”以缩小数字为能事的人也不妨试试，先缩小一下自己。

夸张

缩小的对立面是扩大，扩大得玄之又玄，就变成夸张。在文学艺术里，夸张是表现手法之一。中国文学史上把这种手法发挥得神乎其神的，是诗仙李白。让他愁起来，头发能愁长“三千丈”。三千丈，这一头白发从富士山巅垂挂下来，可以打三折。“白发三千丈”，千百年前的诗句迄今在人们的口头上活蹦乱跳，毫不夸张地说，是中国语言文学所独有的奇迹。

诗人作诗，往长里说可以夸张，往短里说也可以夸张，如“白头搔更短，浑欲不胜簪”。或许真是受中国影响，日本人作汉诗的时候也会大气起来，如“千年积雪拥蓬莱”（室鸠巢，1658—1734），“芙蓉峰上一轮高”（荻生徂徕，1667—1728），“谁将东海水，濯出玉芙蓉。蟠地三州尽，插天八叶重”（柴野栗山，1736—1807），虽然多是从中国诗词套来的。从现实生活来看，日本人确实喜爱小东西，称之“小”日本一点都不错。中国地大物博，人心就开阔，大大咧咧。即便缩而小之，也不是日本人那种精细小巧的感觉，读来也别有气魄，如毛泽东的“五岭逶迤腾细浪，乌蒙磅礴走泥丸”。

富士山，古时也写作福慈山、不二山等。它是一座圆锥形的孤峰，坐落在山梨和静冈两县的地界。高三千七百七十六米，乃日本最高峰，自古被当作日本的象征。有一帧照片，富士山下奔驰着新干线列车，似乎是日本经济高速发展的海报。东京都内叫富士见的地方不少，就是能望见富士山的意思，但现在大都被高楼遮挡了。此山巅峰陡峭，上有直径约八百米、深约二百米的喷火口，那就是栖老神龙的洞中渊。山麓平缓，乘车可直达“五合目”（从山脚往上爬，山路分为十段，“五合目”即第五段）。山上遍地是火山喷发的灰渣滓，登临不如远眺。富士山之于日本人，是一个夸张。

日本人常说，中国人爱夸张，“白发三千丈”。被人家拿李白的诗句评头品足，很觉着舒心，虽然到了末流，也生出许多的阿 Q。国人说话确实好夸大其辞，莫非李姓第一多，大家都带了些太白遗风？这种根性在大跃进年代发挥到极致，什么超英赶美，现今想来还不免教人脸红。然而，某些日本人接着说，南京大屠杀是“白发三千丈”，可就是别有用心。

关于南京屠城，最近日本和德国、中国、美国同时出版《南京的真实》一书，为日军在中国犯下的滔天罪行提出“超一级”铁证。作者约翰·拉贝是德国人，在中国居留三十年。日军侵攻南京时，他和其他欧美人协力设置安全区，救护二十五万难民。人道主义者的崇高行为使他被誉为“南京的辛德勒”。此书就是拉贝在那一期间翔实记录的日记节选，由曾经出任驻中国大使的德国作家协会会长编辑。横山宏章教授在日文版解说中指出，尤其对于说“南京大屠杀是幻影”的团伙，拉贝日记是一个沉重的打击。事实就是事实，应该老老实实地认账。

在承认罪行的前提下，对罹难者数字进行调查和讨论，无可非议，尽管南京惨案之后的历史状况不能和广岛、长崎相提并论。但是在“白发三千丈”的冷嘲热讽中淡化罪恶感，甚至把惨绝人寰的屠杀事实也化为乌有，就不能宽容。夸张的性格使得中国人胸襟过于豁达，但对于原则性前提从来不马虎。

没法子

日本偶尔也会把中国词语按外来语处理，例如“面子”、“没法子”，写作假名，不照搬汉字。不知是绕道西洋输入的，还是出自鲁迅的杂文，常常专门用以指中国人的这两种性格。

近来走红的小说家浅田次郎也爱读鲁迅。他说，鲁迅和老舍的作品根底横亘着中国民众的“没法子”观念，可是，人要是觉着“没法子”就什么也干不成。所以，长篇小说《苍穹之昴》取材于中国清末，他很好心地不让主人公春儿说那个“没法子”。

其实，日本人也爱说“没法子”，这是沃尔弗雷的体验之一。他在《不让人幸福的日本体制》一书中写到日本人的“没法子”政治学：“没法子”是某种政治主张的表明。日本人几乎都是这样思考的，这句话的用法具有重大的政治意义。每当说出口时，你就是在说，你挂在嘴上的变革尝试都将以失败告终。你就是在劝告别人，最好认为那些想带来变革的尝试都不会有结果。觉得“这种状况不对头但不得不接受”，于是说“没法子”的人是在向社会蔓延政治无力感。“因为有这句话，日本人今天也活在政治牢笼中。没法子一语的力量使牢笼的格子越发坚固，紧紧关闭着大门。只要没法子这句话是家庭、职场，还有大学、机关的日常政治议论的结论，日本人就几乎没有活得更好的可能性。想把自己的人生过得更自由的市民最好从自己的词典中驱逐没法子一词，但这么做，首先需要勇气。”

沃尔弗雷是荷兰人，1941 年生，十八岁时闯荡亚洲各地，1962 年定居日本。日语不“上手”，用英文著书说教日本人，1989 年出版《日本·权力构造之谜》畅销全球。不过，颇有些日本论客对他的观点不以为然，斥之为“西欧中心主义者”。经济评论家佐高信说他是“不让日本人幸福的蠢货”，尽管所论日本由官僚决定一切、人生被束缚在公司的战车上等等，同佐高的“社畜论”如出一辙。

说来中国的“没法子”和日本的“没法子”有所不同，那就是鲁迅说的：“中国人的确相信命运，但这命运是有方法转移的。所谓‘没法子’，有时也就是一种另想道路——转移命运的方法。”你走你的阳关道我走我的独木桥，上有政策下有对策，中国人总是有法子的，所以五千年来还不曾“十足碰壁”。正是看中这一点，日本教主似的人物安冈正笃认为中国的“没法子”也自有可取之处。

真是没法子

关于没法子，最初的领悟得自鲁迅的《运命》。甚而以为跟窝里斗一样，属于中国人的劣根性，那么外国人就该有法子。后来自愧读书不认真，此文开头便写道："我问：可有方法解除这宿命呢？回答是：没有。"答者是内山完造，那就是说，日本人也是没法子。实际上他们很爱说没法子，好似口头禅，不亚于我们中国人。譬如这次发生东日本大震灾，核电站爆炸，全世界震惊、关注、援助。菅总理成天穿防灾工作服出现在媒体上，一身戎装似的，让人看着就紧张，他再三说"想定外"，意思是没想到，而底下的意思就是没法子。从电视上看，灾民们处于没法子状态，显得很无助，不指望什么，也就不怨天尤人。

日本近代不大从中国拿来词语了，似乎只有麻将、没法子什么的。麻将的打法被他们改造，玩起来简单，而没法子一词或许是随鲁迅文章传入的，也带着嘲讽，基本用来说中国人，而同样的意思，日本人自己另有说法。家臣叛乱，一代枭雄织田信长被困在京都本能寺，只留下一句“莫奈何”，纵火自尽——他用的是古词儿。昭和天皇访美归来，被记者问到美国投放原子弹一事，回答：虽然广岛市民很可怜，但那是不得已。天皇用词是庄重的，民间有粗俗说法，女人不宜。

小说家远藤周作本身就是一个没法子的典型。对于他来说，天主教犹如母亲给他穿的洋服，虽然不合身，却没法子丢掉，一辈子都在想法子把它改成合身的和服。小说《海和毒药》里，让那个活活解剖美军俘虏的人过后说：“因为没法子呀。那时候怎么也没法子，但今后也没有自信。如果今后又被置于同样的境遇，恐怕我还要干那个。”小说《沉默》甚至让基督都没了法子，打破沉默说“踩罢，可以踩”，宽容信徒践踏信仰的象征。

1853 年黑漆漆的美国炮舰驶入江户湾，日本没法子，只好打开了国门。文豪夏目漱石在《现代日本的开化》中写道：“西方的开化（即一般的开化）是内发的，而日本的现代开化是外发的。这里说的内发，是从内自然地出现而发展的意思，正如花开，花瓣自会破蕾向外，而所谓外发，是由于从外覆盖的他力而不得已采取一种形式。”“不仅时时被推，刻刻被推，以至于今，而且往后多少年，或者恐怕永久地，若不像今日这般被推下去，日本则不能作为日本而存在，所以外发之外没法子。”战败后美军占领，没法子，日本就被推着民主主义了。

同样没法子，中日各有巧妙不同，即在于说了没法子之后的后续行为。《运命》尖锐指出了中国特色：“所谓‘没有法子’，有时也就是一种另想道路——转移运命的方法。”也就是此处不留人自有留人处，东方不亮西方亮黑了南方有北方，或许是地大物博养成的秉性也说不定。而日本小，四面围着海，一旦出事，有一种无处可逃的感觉。有意思的是有些日本人，例如一位叫首藤基澄的教授，不知他有否读过鲁迅杂文，却正是用中国的没法子来否定日本的没法子。他说：日本人说没法子往往就死了心，把自己交给自然（命运），停止思考，被《方丈记》（1212 年成书，与《徒然草》《枕草子》并称日本三大随笔）所抒写的那种虚无感控制。因此，考察说了没法子之后接着采取什么样的行动，就可能把握那个人的人生态度。然而，中国人的没法子并非对行动断念，不是没法子就放手了，而是好像说没法子所以要重来，指示行为的持续性。

活人不能让尿憋死，面包会有的，似乎中国人的态度更具有普遍性，于人类有益，不然，人类活不到今天。金子光晴反对一切，在军国主义猖獗的年代几乎是日本唯一的反战诗人，1937 年 12 月旅行中国，在游记《没法子》中歌颂中国人的没法子："被忘在冰底下的锄头说……没法子！驴马、驴马的眼屎说，没法子！拿着碟子的嶙峋手骨，碟子说没法子！骨也说没法子！而且在中国，没有比没法子更强的，强过税吏，强过始皇帝。"

芥川龙之介作于 1915 年的《罗生门》是短篇名作，后世却仿佛借了电影的光，其实电影内容主要取自他的另一个短篇《丛林中》。电影《罗生门》主题是公说公有理婆说婆有理，而小说《罗生门》写的是老太婆宣说没法子之理。被主人炒鱿鱼的仆役在罗生门的门楼上发现老太婆拔女尸的头发，用来做假发。这女人活着的时候拿蛇肉假冒干鱼卖，老太婆说："我不觉得这女人干的事不好，她不干就得饿死，所以没法子。我此刻在干的事也不觉得是坏事。这也是不干就饿死，所以没法子。这女人很明白没法子，一定会原谅我干的事。"没法子，就可以拔死人头发，就可以解剖活人，这个逻辑给了仆役当强盗的勇气，扒光了老太婆，消失在黑洞洞的夜里。倘若认为总会有法子，另想道路，转变运命，恐怕就无法原谅日本人因没法子而犯下的历史罪行罢。

小说家浅田次郎很好心，又在长篇小说《中原之虹》中让张作霖“决不说没法子，虽然生在显然没法子的国家里”。这部小说是《苍穹之昴》的续篇，“没法子”作为关键词，表现中国人性格及生活方式，“认为没法子，人就一步也不能往前走，谁也不能活”；“不让这个国家的老百姓再说没法子”；“听见了决不说没法子的勇士的声音”云云。

鲁迅说：“运命并不是中国人的事前的指导，乃是事后的一种不费心思的解释。”与日本人共勉。

道歉的习惯

最近草思社出版了一本二百余页的书，名为《不道歉的美国人　立马道歉的日本人》。著者高木哲也，凭前后驻美国二十四年的经验把美日比较了一番，读来有趣。全书共五章，习惯、教育、家庭、商界、社会与经济，面面俱到。首先比较了习惯，其一就是被用作书名的道歉习惯。

作为一种生活习惯，在道歉这一点上日本人和美国人大不一样：前者满嘴道歉话，而后者讨厌向人道歉，从他们嘴里说声对不起难乎其难。其实，岂止美国人，大概除了日本人，这个世界上再没有不讨厌道歉的了。去年《文艺春秋》杂志上有人在“日本人为什么讨厌韩国”的专题下，说韩国人不轻易道歉。前年报纸《朝日新闻》上有关于日本人遗孤的通讯，说到吃高粱米长大的男子汉不肯随口说对不起，显然，那个在中国长大成人的日本人是按照中国习惯对待日本的道歉。

日本人平常习惯于使用道歉的说法，所以重唱《亚细亚的纯真》的歌手之一伤愈复出，对歌迷们不是说多谢关心，而是说对不起，让大家担心了。诚如高木所言，日本的这类道歉话语早已脱离了本来的意思，不过是作为寒暄用语挂在口头上罢了。内容是虚的，彼此了然这一点，言者本无心，闻者不在意。久居日本，“对不起”、“抱歉”、“失敬”之类的生活语言时时脱口而出，但回到故国，使用故国的语言，说起来就觉得别扭，听的人也笑骂一声假洋鬼子。在其他国家的人看来，道歉伴随着责任，是别有一番沉重的。

正因为清楚日本人道歉好像吃面条一般顺嘴，没有实质，压根儿不打算负什么责任，世界尤其亚洲才会对日本就侵略战争的道歉不依不饶。以前在报上读到，曾野绫子对一位常驻日本的美国记者说，日本已经道了歉，不能让儿子替老子做的坏事道歉。这位女作家虽然是天主教徒，却少了点国际感觉，难怪同样是天主教徒的作家远藤周作要毕其一生探究基督教果真能在日本的精神风土上扎根吗。且不说国家大事用父子作比之不伦不类，道歉之所以成为问题，是因为各国心知肚明，日本何曾真诚道过歉，倒像是孤儿被众人欺负，委委屈屈，而心里在骂娘。

日本政客经常以“失言”的方式说出心里话，又经常道歉，简直是在对“纯真”的亚洲乃至世界搞恶作剧。日前，桥本首相潇潇洒洒，与韩国总统会谈，这边厢尾山官房长官却在众议院预算委员会上就军妓问题大放厥词，弄得首相不得不绷起脸来道一番歉，但任谁听来都毫无诚意可言，怀疑他们唱双簧。

日本的海外旅游须知上特意叮嘱“邦人”不要随口道歉，以免招来法律上的麻烦和责任，看来日本国在外交上也是按这个须知办。

改造梁山

日本人擅于改造。

譬如2005年摇滚女王麦当娜时隔十二年重访日本，说及那种能冲洗屁股的马桶，怀念依依，其实这玩意儿本来是美国作为医疗设备发明的。日本TOTO（东陶）公司于1964年输入销售，并加以改造。一位设计者演讲，当年为冲洗女性曾大伤脑筋，请女职工反复实验，烫了屁股或湿了裤头，怨声嗷嗷。1980年上市，而今已普及为日常生活用品，令欧美游客羡煞。

对于日本的这个本事，我们中国人早就有深刻认识，如清末黄遵宪说："日本最善仿造，形似而用便，艺精而价廉。西人论商务者咸妒其能，畏其攘夺也。"近人郁达夫说："日本的文化虽则缺乏独创性，但她的模仿却是富有创造的意义的……根底虽则不深，可枝叶张得极茂，发明发现等创举虽则绝无，而进步却来得很快。”

而日本人自己，例如文豪夏目漱石，说：“西洋人赞赏日本，一半是由于模仿他们，师事他们。轻蔑中国人则是由于不尊敬他们。”当代哲学家梅原猛说：“日本人如何引进外来文化，如何改造它，如何产生出独自的东西，在这外来文化的引进方法和引进它产生出自己的东西的创造方法之中就可以看见日本文化的特性。”

改造之中也含有创造。我们向来看重第一个吃螃蟹的，做事多筚路蓝缕之功，却往往少了点“同志仍须努力”，不再加完善，功亏一篑的事情颇不少。日本人拿来现成的，施加改造，有时也就是使之完成，所以他们的哲学尤注重“有终之美”。对于人家的东西毕竟少了些敬畏，而且日本人更注重实用，即便很高档的东西拿来也肆意庸俗化，用到生活里，乃至让本家尴尬，也不免瞧它不起。

日本人对中国文化的最大改造是汉字词语，诚如阿城所言：“如果我们将引进的所有汉字形日文词剔除干净，一个现代的中国读书人几乎就不能写文章或说话了。”这些词汇使中国人有昨日与今日之别，但我们是汉字的本家，有如把别人拿去甚或偷去、夺去的东西拿回来，理直气壮，更不会表示感谢。

日本人的改造才能从文学上也能够证明。他们把中国的古典文学改头换面，创作出自己的作品，乐此不疲，大概在世界上堪称一绝。芥川龙之介、中岛敦、太宰治的“故事新编”之类不必说，最著名的，应该是吉川英治的《三国志》，而最近的例子可以举北方谦三的《水浒传》。

为什么改造呢？应该是有所不满，虽然不满往往来自文化的差异。北方谦三说，他当了小说家以后重读《水浒传》感到不满意的地方有很多，时制不统一啦，向国家权力投降啦，所以他放手改造，先就是不接受招安，一直战斗到宋朝灭亡。还有梁山泊的粮道问题，不解决资金来源怎么能大碗喝酒大块吃肉呢？他知道中国历史上有盐铁论，但是铁太重，不好搬来搬去，那就让好汉们贩卖私盐，路边开店不卖人肉包子，而是转运站，把盐贩到辽国去。

所谓改造，无非日本化和现代化。北方谦三改造“水浒”的时候，女作家平岩弓枝改造“西游”，她觉得《西游记》日本人读来很有点别扭，比如说直到最后唐僧还是把孙悟空当坏猴子，那么好的猴子到了如来佛那里也是坏猴子，实在太可怜，所以她要用日本人的感觉来写，写出人情味，反正原作者也不能来抱怨。北方谦三更现代，他认为梁山泊如同加勒比海上的古巴，大宋就是美国佬，晁盖相当于格瓦拉，宋江则是卡斯特罗，心想着1959年发生的古巴革命，笔走龙蛇，仿佛再现他青春的火热年代。

北方谦三生于1947年。读大学时参加60年代末的学生运动，率领过二十来人。也挨过警棍，但不知是警棍软还是警察手软，他说没打疼。人过中年，时常莫名其妙地来气，在现实中当然不能像年轻时那样发泄，但作为小说家，就可以把小说当出气筒。

自知未必能真正理解中国人的心情或思想，他只是借中国历史的舞台描写日本人。不仅革面，而且洗心，洗出一颗日本心。日本化的一大特色是增加爱以及性的描写，比如林冲跟他老婆，像现代人一样借以宣泄郁闷。扈三娘爱恋晁盖，而晁盖被暗杀后自暴自弃，随便嫁给了好色的王英。更惨的是武松，被改造成从小暗恋潘金莲，受不了她嫁给武大郎，便上了梁山，后来竟强奸潘金莲，致使她自杀，不消说，这模样的潘金莲彻头彻尾是现代日本女性。北方谦三自诩这么一改造，人物就更有深度，升华了原典，但一位书店老板娘恭维之余，明言不会让她刚上中学的儿子读如此脱胎换骨的《水浒传》。

传闻北方谦三走笔如飞，有“月刊”之称，被他“翻案”的《水浒传》长达十九卷，洋洋洒洒。可是在我们看来，往白酒（譬如金门高粱或者北京二锅头）里掺水不能算改造，而且是奸商所为，但日本人自有日本人的喝法，《水浒传》还得了司马辽太郎奖。

揣着明白装暧昧

中国人最爱讲光明正大，打开天窗说亮话，而日本人偏偏暧昧，不免招我们厌恶。

暧昧是心下明白，嘴上含糊其辞，与马虎不同，马虎是压根儿没明白或不想明白。乍到日本时，看见房间里铺满塌塌米，一块是一块，清清楚楚，不像我们那里的八平方十来平方，只有个狭小的概念，马马虎虎。吃饭则一人一份儿，也不像咱们摆上一桌子，四面八方齐下箸，多吃多占谁清楚。日久天长，听他们说话，看他们做事，和他们说话做事，体味到暧昧，哪儿像中国人有一点大事小情，鸭子下水、羊群进圈一般争先恐后地表态。但近墨者黑，渐渐也跟着暧昧，而今听愤青愤老那种往死里说的激烈反倒觉得有点刺耳了。

活得暧昧，日本人自己也认账。当年大江健三郎获得诺贝尔文学奖，不骑野鹅骑飞机，到斯德哥尔摩讲演，题为《暧昧日本的我》，这是套用了“日语作家第一个站在这个地方的川端康成”讲演的题目《美丽日本的我》。大江认为川端讲得“极其美丽又极其暧昧”，那种暧昧劲儿首先表现在题目上——“美丽日本的”的“的”，在日语里既表示所属，又可以理解为同位，以至英译为“美丽的日本与我”也不能算叛逆。如常地理解为所属，汉译就是“美丽日本的我”。日语使用不同的助词，“美丽的”或“暧昧的”的“的”是定性，“日本的”的“的”是所属，并非像我这样侨居，人在暧昧的日本。中文只有“的”，话就说得暧昧了，或许去掉一个“的”，“美丽”或“暧昧”就完全是“日本”的了。大江健三郎的说法似不无为赋新诗强说愁的味道，但就势说到了日本的暧昧，至为深刻。他说：

“据我观察，国门开放以后，近现代化一百二十年，今天的日本从根本上被暧昧性的两极撕裂。而我，作为一个被这种暧昧性创伤一般打上烙印的作家就活在其间。强大而锐利以至把国家和人一块儿撕裂的暧昧性用多种形式呈现在日本和日本人的表面。日本近现代化定向为全盘向西方学习，但日本位于亚洲，日本人一直坚定地保护传统文化。如此暧昧的进展使其自身竟至在亚洲充当了侵略者。近现代的日本文化虽然全面向西方敞开，但是在西方方面看来，始终有暗昧不明之处，总不能理解，或者至少是理解不畅。至于在亚洲，不仅政治上，而且社会、文化上也处于孤立。”

凡事见仁见智，甚至有更多日本人觉得暧昧是以和为贵的表现，暧昧是一种美，结晶了俳句，或如水墨画的空白。他们就叹息日本越来越不暧昧了。例如池波正太郎，他是武士小说家，也写得一手好随笔，尤其关于吃食，读起来好像站在街上看店家杀鳗鱼，烤鳗鱼，烟味也闻了，只差没吃到嘴。他说：“近来日本，对什么事情都不是‘白’就是‘黑’，中间的色调完全没有了。”

黑白分明，最近的事例就是在电视上闹腾了一阵子的堀江贵文；做网页起家，几年工夫富得恨不能买下世界。年轻人崇拜他，崇拜他敢说敢做。三十出头，公然捅破窗户纸，说出日本人的心里话：有钱的家伙了不起；钱能买来人心；女人跟钱跑。出头露面也不系领带，轻装上阵，仿佛给毅然救地球于温暖的国会议员们带了个头。解下领带有助于淡化日本人的两重性形象，但看惯了西装严谨，开放了领口的国会就显得闲散。电视上小泉首相蓬着头，面也像垢，总一副宵旰模样，而细田官房长官甘当反衬，答记者问无精打采，欠人家钱似的。小泉爱说硬话，扒开来没有实质，趁人没回过味儿来，就又去靖国神社拜了拜。挨个看看日本政治家，大概石原慎太郎算是不暧昧的一个，他本人也知道，如今在中国名声最臭了。说话做事不暧昧，我们能分明知道对手在哪里，回骂也痛快，骂他个狗血喷头，这正是石原的可爱之处。

他在月刊杂志《文艺春秋》上“正告中国”，话就说得非常狠。大意是，叫嚷反日的暴徒和当年手持毛泽东语录的红卫兵是一路货，为什么中国教科书里没有关于文革的内容？现今中国人相信的不是共产主义之类思想，而是共产政权下自由经济的好处，这是中国的历史性DNA。今后十年中国很可能分裂。用网络、电波等手段刺激中国人的人权意识，让他们知道贫富差别之大。抵制北京奥运会。派自卫队驻扎钓鱼岛，中国绝不敢动手打。

石原以名声最臭的日本人为荣，表示今后要继续大放厥词，偏不让中国人舒服。不只说说而已，还落实到行动上，日前就下海潜了潜，好像这下子“礁”就变成“岛”。潜海是他写小说《太阳的季节》那年月常玩的，但而今挑战的可不是挺起男根就戳个窟窿的纸屏。

明天刮什么风

“从前我常想从文学美术去窥见一国的文化大略，结局是徒劳而无功，后始省悟，自呼愚人不止，懊悔无及，如要卷土重来，非从民俗学入手不可。”

这是周作人六十多年前说的话，但好像没有人要听他的，如今更多了文学，尤其是美术，从民俗学入手仍少见。他这里说“民俗学”，带了一个学字，我以为也就是“民俗方面”的意思，并非鼓动人坐冷板凳搞学问。我固无窥见文化大略之心，时而注意日本的民俗事物，只是出于好奇，感觉很好玩罢了。

谚语是民俗的语录。谚，日本把这个汉字读若“言技”，很是得要领。中国有谚语有成语有歇后语，分得比较清，而日本一把抓过来，杂煮似的笼统在“谚”里。有的谚语结晶了人类共通的心理，例如吃不到葡萄说葡萄酸，但也有些谚语出自那个民族、社会才会有的见识或感觉，外人可能觉得有意思，也可能难以理解。日本说，老婆和塌塌米是新的好，拿塌塌米说事，喜新厌旧便有了客观理由，但只有睡过才知道，旧塌塌米的霉味有多么难闻，足以令人不能像周作人那样喜欢日本。

把青出于蓝而胜于蓝、灯下黑、狐假虎威之类算作日本谚语我们不免要友邦惊诧，而“风吹山不动”这样的谚语听来也不大有日本特色，似不如“大山鸣动鼠一只”（意谓雷声大雨点小）更有趣。日谚被译成地道的中国谚语，异文化的妙趣就减弱了不少。“百日说法一个屁”，意思是高僧说法一百天，最后在台上放个臭屁，一下子把人们的心得都熏跑了，前功尽弃。“借别人的兜裆布比相扑”，这不是借花献佛，若能用别人的钱开公司发大财，有何不好。“船老大多了船上山”，怪不得日本公司的老板都独断专行，来不得民主。

走在街上，秋天了，时见高出墙头的柿树上挂满小灯笼，不禁想起一句谚语：“青柿子悼熟柿子”，兔死狐悲。“弘法大师也有笔误”，这真是智者千虑必有一失，但生动就不如“猴子也会从树上掉下来”，类似我们说老虎也有打盹的时候；打了一辈子雁，被雁啄了眼。日本人喜爱猴子，但中国自古对猴子不大有好印象，沐猴而冠，朝三暮四，对那位齐天大圣也并不敬重，除非有了妖雾才欢呼它。

“夜看、远看、伞下看”，女人才好看，这属于日本情趣。看富士山也如是，满山是火山喷发所留下的炉灰渣子，只可远眺，不可近观。我们中国人却爱说晴方好，雨亦奇，远近高低各不同。不过，所谓距离产生美，远来的和尚会念经，吹了灯所有的女人都一样（希腊谚语），被洋人娶了去的中国女人，在中国人看来都不算漂亮。

文艺评论家加藤周一在《日本文化的时间与空间》一书中用谚语解读日本人的秉性，生动而深刻。其一是“把过去付诸流水”。赶快忘掉过去的争执，不要总追究过去，有利于个人或集团的今天的活动，另一方面也含有个人和集团都不必为过去的行为负责的意思。虽然各种文化也都有既往不咎的说法，但日本社会为使当下生活得顺利，以不计较过去为理想的倾向尤为显著。二次大战后德国社会不曾把“奥斯威辛”付诸水流，而日本社会把“南京大屠杀”付诸流水，结果是德法恢复了信赖关系，而日中两国的国民之间未建立信赖关系。

关于未来，日本人爱说的谚语是“明天刮明天的风”。未来是无法预测的，与其担心明天，不如关注今天，同时这也是不知道风向怎样变，那就见风使舵，看风向决定态度罢。战后日本热衷在现今所给予的框架当中施展，大显神通，却不看未来变化的可能性。急剧的国际环境变化，如美国占领、美国与中国靠近、石油涨价等，皆外力引起，完全未料到，所以受“冲击”，然而对“冲击”的反应每每敏捷而有效率。由这两句谚语，加藤周一看出：

“日本社会在所有层面上有很强的倾向，把过去付诸流水，未来则到时候看风向决定，专心活在当下。现在发生的事情，其意义不是从它与过去的历史、与未来的目标的关系来定义，而是独立于历史或目标，就其自身作决定。”

中庸与二重性

常听说日本人具有二重性，这种说法似含着贬义。早年周作人如是说，去年李泽厚也这般说，似乎此性格为日本人所独具。其实，任何民族都不无二重性，中国人尤甚。最明显地表现在成语谚语俗语上，几乎哪种说辞都躲不掉一个反义的存在。例如，既说千里之堤以蝼蚁之穴溃，却又说蚍蜉撼树谈何易；既说三个臭皮匠顶个诸葛亮，却又说一个中国人是龙，三个中国人是虫。不过，人们并不觉得无所适从，反倒更为方便，兵来将挡水来土掩到什么山上唱什么歌。大概正是有感于此，孔夫子才搞出一个中庸，试图让一个个乌眼鸡似的君子和小人“执其两端而用其中”。

朱熹说，中庸之道始于唐尧的“允执厥中”，而孔子继往开来。比孔子晚一个半世纪的古希腊哲学家亚里士多德也提出中道，即中庸之道，但他不是像儒家那样只作为美德，而是落到实处，主张由财产适中的中等阶级来治理国家。最近李泽厚在香港出版了一本《论语今读》，说中庸就是他提倡的实用理性：“它着重在平常的生活实践中建立起人间正道和不朽理则，此‘人道’，亦‘天道’。”但诚如子曰：“中庸之为德也，其至矣夫，民鲜久矣。”孔子心里明镜似的，明白道是行不通的。即便在平常的实践中，智者一搞就过头，愚者又永远跟不上，过犹不及，总之是谁都做不来，就只好二重下去。中国人在毛泽东时代把二重性发挥得淋漓尽致，用革命的两手对付反革命的两手，一分为二。中庸之为道，也因了二重性而长存，以至不朽。

中国人的二重性被中庸理论了两千多年，显见与日本人不同。中国人重的是左右，而日本人是表里相重，所以，前者好左右逢源，后者爱说“建前”（原则话），不吐“本音”（真心话），听起来就暧昧多了。周作人说：“近几年来，我心中老是怀着一个很大的疑情，即是关于日本民族的矛盾现象的，至今还不能得到解答：日本人爱美，这在文学艺术以及衣食住种种形式上都可看出，不知道为什么在对中国的行动，却显得那么不怕丑；日本人又是很巧的，工艺美术都可作证，行动上却又是那么拙；日本人爱洁净，到处澡堂为别国所无，但行动上又那么脏，有时候卑劣得叫人恶心。”他明确指出了日本民族有二重性，虽然把不同层面的东西捏合成矛盾，未免有一点为赋新诗强说愁。这种二重性其实是固有原始性和外来先进性集于一身的现象，在跨越式发展的地方也随处可见。孔子倡导中庸之道的时候，日本尚处于原始阶段，刚刚学种稻。各国的艺术都早已摘掉假面，而日本舞台上倒像是把传统保留得不错。发展不到家，当然无哲学。先是拿中国的，后来拿欧洲的，再后来拿美国的，丑女戴花，泥胎金身，构造始终是二重的。

一字之妙

震、时、倒、毒、末、金、战、归、虎、灾、爱、命，这十二个字是1995年以来每年选一个字表征那一年的世态的。日本人至今使用我们的汉字，起码这些字不学日语也认识，更让人觉得日语不算啥。2007年得一“伪”字，12月12日是“汉字日”，京都清水寺的老和尚披上漂亮的袈裟把它当众大大地写出来，墨迹淋漓。之所以由他挥毫，大概是因为主办此项活动的日本汉字能力检定协会本部就设在京都，唐风犹存。清水寺本尊是千手观世音菩萨，“伪”字抬到她脚下供奉，钟鼓齐鸣，她就把这世态收了去，天下无伪，来年再写别的字。所谓汉字能力检定，说穿了就是拿汉字赚钱，你交费报考，便得到一纸认识几个字的证书。搞这么个海选，能惹火人们对汉字的兴趣，也不无抨击社会的效应。

用一个字说事，好像是日本人所好。早年就有用和、粹之类的字眼儿表示他们的民族性的，后来最出名的倒是韩国人李御宁，1983 年琢磨出一个缩字，论说日本人及其文化的特征。他的同胞反驳他，又举出扩字、切字——用日本刀切，指摘日本另一面。字有反义，启发别人从对立面立意，反倒容易唱反调。照猫画虎，甘字、座字纷纷被找了出来，都试图一字论定日本。

大家知道邱永汉，他本是台湾人，1956 年在日本获得直木文学奖，但没有继续写小说，而是写中华吃喝、赚钱窍门之类的东西，也说道日本人，叫“侍日本”。侍，就是武士；古书有云：侍本来指近侍之臣，后来武士皆称侍。侍者，侍奉主子也，这正是武士的核心意义，所以最讲忠。三岛由纪夫在学生运动激化的 1968 年说日本有两个传统，一个是优雅，另一个是尚武与侍，他要不顾一切地使之复活。邱永汉也写到“虚礼的美德”、“清贫的哲学”；泡沫经济崩溃后的 1992 年中野孝次出版《清贫的思想》，大畅其销。

邱永汉说：“让我来说，日本人对美国人或欧洲人写的日本人论大为倾倒，但好像太不懂日本人的思维方法或实际情况的外国人的主观片面的不着边际的日本人论过多。”这个牢骚发得有道理，起码欧美人看“东洋景”常常把日本和中国眉毛胡子一把抓。不过，中国人忽而想知道日本事情时往往也倾倒于西洋所云。这是亚洲通病，或者像中国老话说的，远来的和尚会念经。就邱永汉来说，好像他的书被翻译了不少，却没有关于日本人日本文化的，他在我们眼里是发财之神、炒股大师，不大有文化形象。

日本人弄墨，好写一个字，有一点写意，带一点禅味，虽难免取巧之嫌，但一个汉字的蕴意是假名望尘莫及的。

工作狂与陶渊明

日本人战后超英赶美，令西方瞠目，说他们是“工作狂”、“经济动物”。后来我们也跟着说，虽然，中国进入“休闲社会”似乎早了点。其实，就这种国民性来说，日本人也是二重的，即一方面被绑在公司的战车上，复兴国家，另一方面渴望着优哉游哉，所以陶渊明的诗文为他们所爱读。

梁昭明太子说，陶渊明的诗篇篇有酒。家有田园，这位五柳先生不必为五斗米折腰，自得其乐。用他的话说：“余闲居寡欢，兼比夜已长。偶有名酒，无夕不饮。顾影独尽，忽焉复醉。既醉之后，辄题数句自娱。”为健康计，好酒的人时常会决意戒酒，陶渊明也写过《止酒》，句句用止字。有云：“始觉止为善，今朝真止矣。从此一止去，将止扶桑涘。”孔子说过，道不行，乘桴浮于海。打算去哪里呢？没明说。陶渊明却说得明白，打算到“扶桑”彻底止了酒。可是，那里的倭人性嗜酒，渡海而来，只怕更止不住。“无夕不饮”，“期在必醉”，从倭人到日本人，似乎更能跟陶渊明投机，一杯一杯复一杯。陶渊明也有金刚怒目的一面，拿日本人来说，就表现在工作上。

中国最早的隐士是许由。帝尧请他当官，他不是躲进箕山隐身，就是跑到颍川洗耳，可见，隐逸本来是具有政治性的生活方式。陶渊明自古被树为隐居不仕的典范，采菊、酣歌、纵酒，幽雅、闲适、潇洒，再完美不过了。日本人欣赏陶渊明，但他们的隐逸却属于另路，出家遁世，完全是佛教信仰的身体力行。佛教自来有末法思想。法有三时，即释尊入寂后，僧侣堕落，佛教历经正法、像法和末法三个时期而隐没消亡。正法年间还能够正确地实行佛的教法，像法不过是像似正法而已，末法则唯有教法存留，没有修行和证果。一时不如一时，有一种教说是正法和像法各一千年，末法万年。佛灭于公元前949年，那么，两千年后的1052年是末法伊始之年，恰当日本史进入平安时代（8世纪末至12世纪末）后半。其时，天皇大权旁落，贵族式微，武士渐兴，兵荒马乱，社会越来越动荡不安，人心惶惶——“方今之时代，浇季也”。时当浇季，佛教的末法思想如水银泄地，星火燎原，无常观深入人心。诸行无常，世间万物绝无常住性，这就是人存在之苦的根源。人生无常，厌弃秽土，有人就剃光了头发，找一处人迹罕至的地方盖一间草庵，与世隔绝，恍如净土，或者戴上斗笠，拄一根竹杖行旅天涯，迁流不居。江户时代后期的良宽托钵一生，用汉诗描绘草庵："索索五合庵，室如悬磬然。户外杉千株，壁上偈数篇。釜中时有尘，甑里更无烟。只有东村叟，时敲月下门。"

从烦扰的世事中勇退，会得到一种解放感，恢复个体的存在，但随即也产生隔绝感。隐遁即远离社会，脱离群体，那当然孤独而寂寞。似乎中国的隐者爱成群结伙，彼此呼应，如七贤、六逸，而日本隐者孤独得更为彻底。要耐得住孤寂，一方面靠无常观支撑，另一方面必须借饮酒吟诗来纾解排遣。寄情于山林江湖，写出来的诗文自然就闲寂枯淡，由此产生"寂"的审美意识。隐逸和只管打坐的禅同样都基于无常思想，不同的是坐禅探求个人的内在精神，而隐者寂然独处，更追求与外界自然的融合与交流。隐是厌世、弃世的，而禅是现世的，屙屎送尿、着衣吃饭，都不妨碍顿悟。禅宗在日本广为流传，"寂"的审美意识后来就完全笼罩在禅的荫翳里。日本人亲近自然，既富禅"思"，又含隐"情"。坐看寺庙里的枯山水可以冥想禅的幽玄，而旅宿深山或海隅的温泉，怡神的是隐遁一般的闲寂。

自古隐者皆寂寞，唯有诗文留其名。出名的隐者如西行、鸭长明、吉田兼好，都有诗文传世，甚而在日本文学史上独立成章，称作隐者文学，是中世文学的主要内容。中世，指12世纪末镰仓幕府成立至16世纪中叶室町幕府灭亡，上承平安时代，长达四百年。一切都随着时间的流逝而消失，对此感叹不已，构成日本文学尤其是诗歌的土壤。西行（1118—1190）出身豪门，曾做过武士，精通兵法。可能是由于失恋，并且对政治大失所望，二十三岁上看破红尘，出家为僧，并志向和歌创作。他住草庵，踏苦旅，歌吟自然与人生，是隐者文学的主流，生活方式和艺术态度对后世文学者如松尾芭蕉影响甚大。“富士烟披靡，随风当空尽。不知何处去，此身独思忖。”这首和歌，西行自诩是写得最好的。鸭长明（1155—1216）四十七岁时被后鸟羽上皇破格擢拔，编纂《新古今和歌集》，“昼夜不怠”地干了三年，离开宫廷后出家。结庐远人境，名为方丈。弹琵琶，吟和歌，悠悠自适。1212年以“逝川不断，却并非原水”的无常观开篇，撰写随笔《方丈记》，赢得不朽的名声，被推为隐者的鼻祖。兼好（约1283—1352）生于神官之家，在世时作为歌人活跃，死后流芳的是年将五十写作的随笔《徒然草》，与《方丈记》并称为隐者文学的双璧。全文由二百四十三段构成，内容杂乱，底流是“物皆幻化”的无常思想，且随处溅起批评的浪花。

日本人上高中时学习古典少不了这几位的作品。他们还学习一点中国的古典，陶渊明所占比重相当大，文有《归去来辞》《桃花源记》《五柳先生传》，诗有《饮酒》或《责子》。高中古典教科书上下两册，鉴赏汉诗十余首，多隐逸情趣，如王维的“独坐幽篁里”，贾岛的“云深不知处”，李白的“相看两不厌，只有敬亭山”，并且有明初高启的一首《寻胡隐君》（渡水复渡水，看花还看花。春风江上路，不觉到君家），眼光迥异于中国。陶渊明写过《自祭文》《挽歌诗》，此类东西在中国近乎绝迹，但日本现今仍时有吟诗“辞世”者。陶渊明在挽歌诗里说：“得失不复知，是非安能觉。千秋万岁后，谁知荣与辱。”他遗憾的是“但恨在世时，饮酒不得足”，可见，虽然一连说二十个“止”字，“止酒”也终究是假话，像哭穷一样，不过是兴之所至罢了。世上再没有比酒鬼和诗人的话更不可信的了。

幼稚

在中国人的印象里，一言以“蔽”日本人：色。不久前他们的几个留学生在西安献艺，中国人就受不了，道貌一下子岸然，听说竟至于上街游行。其实，中国的大学生们在宿舍里攒头看《蜡笔小新》（日本动画片）偷着乐的，不正是这个色劲儿吗？如果有道具，或许留学生们还要穿上白天鹅舞裙，正当要害处支出鹅头，脖子长长的，像日本电视上经常播映的那样。杰克逊的品牌动作是手抚鼠蹊，而走红的日本歌手桑田佳佑干脆在台上拿麦克风比比划划，他老婆就在后面弹着琴。倘若来中国演出，那他就只能剩下“悲伤的心绪”，甭想再“看见美好的未来”，跳“泪海”去罢。

日本人确实色。当然，这时候我们就不说“寡人好色”，指认那是从中国学来的。从前有个叫中江兆民（1847—1901）

的，在宴席上用双手抻开阴囊，斟上酒让艺伎喝，那艺伎也真是了得，说了声谢谢一饮而尽，然后按规矩回敬，拿起刚烫好的热酒直注阴囊杯，把杯主烫得跳将起来。中江是哲学家，所著《一年有半》也收在商务印书馆刊行的“汉译世界学术名著”里。七老八十的田舍汉，你夸他牙口还挺好，他却应声说要是下边还挺就好了。中国人听了要骂声老不正经，但看那一脸的嬉笑，也觉得他活得不累，不必把男盗女娼憋在肚子里，做长者状。

好色的人多了，也就蔚为文化，奉为传统，但拿到海外去弘扬，不时遭棒喝。几年前一个叫江头二点五的艺人在土耳其脱光了表演，观众群起而攻之，被警察逮去罚款。一到这时候日本人总是“谢罪”说不了解人家的文化，但我觉得原因更在于幼稚。因为幼稚，像讪皮讪脸的孩子，逗中国人乐也不看看人家心里正起急呢。如今再不是一声工农兵就能吓倒一大片的年月了，以革命的名义一句不顶一句，唯一能拉来做虎皮说事、出气或撒娇的，似乎就剩下民族大义。这面褪了点色却更显斑斓的大旗一举，当权者也不好说什么。有一本书，不曾读过，只记得书名，好像叫《日本人怎么竟这般幼稚了》。怎么的呢？恐怕跟那个宫泽贤治不无关系。

宫泽贤治是儿童文学家、诗人，今年(2003)去世七十年。像过去中国人常说一不怕苦二不怕死，日本人没有不知道一不怕雨二不怕风的，时见报端，这就是宫泽的名句。“不怕雨，不怕风，何惧严寒、酷暑，一副结实的身骨。没有欲望，决不恼怒，恬静的笑容，在我脸上永驻。”（邓云凌译）有人说，这是明治以后日本人写得最好的诗。今天中国人看郭沫若当年的诗篇甚觉幼稚，而宫泽的幼稚有过之而无不及，在日本却依然受宠，从中便看出两国从文学到国民性的差异。

评论宫泽贤治，常说他融会贯通了艺术、宗教、科学，创造出独特的世界。其实，就宗教来说，他不过是自幼受家庭信仰的熏染，热心于布教，用童话演义《妙法莲华经》，哪里算得上宗教思想家。怀着理想主义从事两三年科学种田、农民文化活动，归于失败，躺在病榻上写了些自慰的诗。至于科学，充其量是学过化学知识，在农村搞搞肥料，把术语嵌进诗句里。《最新宫泽贤治讲义》的作者小森阳一说：“把他的日语有时候作为地质学家的，有时候作为化学家的，有时作为相对论的特别知识框架里的专门用语来把握，每次将其翻译成日常语言，就发现翻译之前甚至觉得像童话世界的异语言的话语其实都存在于科学性真实世界。”这话听来更像是嘲讽。

全世界都怪讶日本人耽读漫画，这也可以从宫泽贤治那里找原因，从《银河铁道夜》到《铁臂阿童木》一脉相承。宫泽贤治研究大都是云山雾罩，跟那些歪批三国式解构漫画作品的读物伯仲之间耳。当孩子的时候读漫画和童话不是坏事，但一辈子读下去，幼稚就是难免的了。上世纪末《朝日新闻》曾搞过读者评选千年日本文学家的活动，前五名是夏目漱石、紫式部、司马辽太郎、宫泽贤治、芥川龙之介。这种评选，除了受当时的社会流行所左右，读者的认知主要来自教科书。长大之后可能不再读宫泽童话，却塞给儿女读，原因之一可能是放心其不色。像宫泽那样不涉笔情色的作品在日本文学中实属凤毛麟角，原来日本人也有不想色的时候。

辞世歌

三十多年前的1970年11月25日，三岛由纪夫在自卫队驻地切腹，被帮手砍头而死。话说前一天，他带着那几个铁哥们儿在酒馆聚饮，写下两首和歌。这就叫辞世歌，或汉诗，或短歌俳句，总之是临死之际写下来告别人世的。倘若译作绝命诗，不免有一种临刑口占的感觉，与辞世歌大异其趣。三岛死后，贤妻拿出六百万日元赔偿伤害，一年后父亲平冈梓撰文回忆“犬子”。大概当时社会上异口同声，嘲笑三岛写的“这二首辞世之歌和那篇檄文极为拙劣，无法想像是本人所作”，当父亲的于是在书中辩护了一通。

辞世歌是死亡的准备，人之将死，其歌其诗自然是哀感的。可能中国人当即会想起“骓不逝兮可奈何，虞兮虞兮若奈何”、“王师北定中原日，家祭无忘告乃翁”、“砍头不要紧，只要主义真”之类的诗句，而陶渊明的“得失不复知，是非安能觉。千秋万岁后，谁知荣与辱”干脆就题为《挽歌诗》，但日本人说辞世歌是日本所独有的文化。从普遍性来看，中世以降蔚然成风，几乎形成了一种人生习惯及文学类型，仅见于日本。对于死，日本人远远比中国人看得开，不大有好死不如赖活着的念头。芭蕉的《病中吟》是辞世歌的典型之作：“一生苦行旅，梦魂此去归何处，依旧绕荒野。”他说：我不作什么辞世之句，因为我所作全部是辞世。这首俳句并非为辞世而作，但他吟罢之后四天即去世，竟成绝笔，被人们读作辞世歌。

14 世纪以降，受禅宗影响，武士自杀都是写汉诗辞世。《太平记》卷二有日野资朝（1290 —1332）辞世的汉诗一首：“五蕴假成形，四大今归空。将首当白刃，截断一阵风。”日野为后醍醐天皇谋划讨伐镰仓幕府，但一个参与举兵的武士在枕边说给爱妻，走漏了风声，日野被捕。天皇赶紧向幕府洗清自己，最终只日野一人受死。没有“去留肝胆两昆仑”的慷慨，就只好看破红尘，倒也潇洒。

大津皇子临终前写了两首辞世歌，一首和歌，一首汉诗。天武天皇立草壁皇子为太子，却宠爱“博览而能属文，多力而能击剑”的大津皇子。686 年天武天皇崩，皇后鸬野皇女（690 年登基，即持统天皇）临朝称制，担心位居大相国的大津皇子篡夺皇位，诬以谋反，勒令自裁。山边皇女披发跣足地赶来，依偎着丈夫的尸体殉死。大津皇子的辞世歌收在《万叶集》里，大意是我要走了，看池塘里叫唤的鸭子只限于今天。这让人油然联想李斯被腰斩之前对儿子感叹，从此不能再和你牵黄狗去野外撵兔子了。大津皇子的辞世诗收在751年编就的日本第一部汉诗集《怀风藻》里，是这样的："金乌临西舍，鼓声催短命。泉路无宾主，此夕谁家向。"有趣的是，七百年后，清初有个叫孙贲的，遭文字狱，临刑口占，文字和大津皇子的《五言临终一绝》很相近，云："鼍鼓三声急，西山日又斜。黄泉无客舍，今夜宿谁家。"（这是从周作人的文章里读来的。）看来人之将死，古今中外，大家的心情差不多。上天堂也好，下地狱也好，对于生来没去过的地方总不免有些漠然的不安。

中国人藉电视卡通片熟知的一休和尚（1394—1481）自称南宋临济宗禅僧虚堂智愚再现，以日本禅正统自任。他还有不少的号，如瞎驴、梦闺，放浪形骸之外，嗜酒近色，是大大的花和尚，但据说这一切都是为超然于形式化、世俗化的五山派禅风之外。晚年爱恋盲女，写黄昏恋诗文。墓在酬恩庵，有自刻木像，那里本来是他隐居的草庵。虽为高僧，辞世诗却写得缠绵悱恻："今宵拭泪涅槃堂，伎俩尽时前后忘。谁奏还乡真一曲，绿珠吹恨笛声长。"

井原西鹤（1642—1693）有《好色一代男》《好色五人

女》等作品传世，享年五十有二。那时候日本可不是长寿之国，人生五十年，所以他多看了两年浮世之月。门人刊行遗稿集，把他的辞世歌印在卷头。

现代作家芥川龙之介对将来感到一片漠然的不安，在1927年吞食安眠药自杀，死前在色纸上抄写了一首旧作："清泗长，残照鼻尖凉。"当作辞世之句来读，怆然变成了"映在临终的眼里"的光景。芥川步入文坛的第一篇小说是夏目漱石大为赞赏的《鼻子》，联想起来他用这首俳句辞世也别有深意。

河上肇(1879—1946)是试图把科学真理与宗教真理合二而一的马克思主义经济学家，对中国革命也颇有影响。坐过几年牢，"六十衰翁初学诗"。去世前一个月拟定辞世诗："多少波澜，六十八年。聊从所信，逆流棹船。浮沉得失，任众目怜。俯不耻地，仰无愧天。卧病已及久，气力衰如烟。此夕风特静，愿高枕永眠。"四言的八句若作为诗序，或许余下的五言诗更可以传世罢。合掌。

取笔作诗，绝笔而终，是地地道道的辞世，但很多人事先就写好了，这类辞世歌豁达之余，更多些游戏人生的意味，因为还来得及笑笑。那么，我也试作一首"汉俳"，准备好辞世——

前世留下的，该做今世还没做，怕来世闲着。

葬礼上的笑颜

当初接触日本文学，读过一本西村京太郎的小说，描写人物表情几乎从头到尾是“苦笑”，不禁怀疑日本人还有没有别的笑法。来日本久了，才发现这世界上大概他们最会笑。

1563年到日本传教的葡萄牙人弗罗伊斯对日本人的印象是“很爱笑”，但白云苍狗，等到民俗学家柳田国男研究日本的笑，却因为“从战争末期到战后不久，笑非常少见了，而且很下贱”。情随境迁，日本在经济上得势，西装笔挺地四处输出“日本造”，脸上当然又多了笑容。

日本人的笑，西方人觉得很独特，还有点讨厌。一百年前，印行过一本《中国怪谈集》的小泉八云来到日本，被亲切柔和的微笑诱惑，仿佛到了“妖精”国度。乐不思“欧”，娶日本女小泉节子为妻，改名小泉八云。他写《日本人的微笑》，讲过这样的故事：一位日本妇女在美国人家里帮佣，请了两三天假，回来后在主妇面前“笑眯眯”地说，其实，她丈夫死了。这种时候居然还笑得出来，美国人觉得不可思议。小泉解说，这种“微笑”是一种礼节，正是日本女性的娴雅之处。

柳田国男对小泉八云的索解不以为然。他认为“日本的文化不是日本人就不能研究”，“特别是语言与笑有关，而语言的韵味、情趣等，连本国人的感觉都愈来愈钝，别国人更不可能明白”。据他分析，日本本来有两种笑，出声的“笑”和悄然无声的“微笑”，但是被汉字的一个“笑”字给混为一谈。“微笑”不是“笑”的半成品，不是花的蕾。“笑”，可能使人不快，也未必带有温情，而“微笑在任何场合都不会那样，这就是一个明显的区别”。“微笑是人生的润滑剂，尤其是女性具备的自然武器，以求平稳地度过此世”。有人又加以引申，说日本人的微笑还具有自制性，这样的微笑有时令人感动，有时令人困惑，进一步曲折、复杂，就变成“微苦笑”（小说家久米正雄的造语）。

芥川龙之介在短篇小说《手帕》里描述过自制的微笑：一位母亲来到大学教授家，嘴角浮起微笑，说她的儿子病故了。母亲竟然不掉一滴泪，海外归来的教授觉得匪夷所思，但俯身拾扇子时发现，她放在桌子下面的双手紧紧攥着手帕，强忍悲痛，几乎要把它撕碎。对于这位母亲的武士道“演技”，芥川龙之介笔下是不无讥讽的。

柳田国男所说的“微笑”，皮笑肉不笑，恰恰不是内向的，而是笑给人看，像假面一样挂在脸上，礼节地待人处世。从电视上观看演艺界人士参加追悼会，接受采访时，他们脸上忽而浮起微笑，忽而现出哀戚，表情的变化表明着对人关系的变化。微笑时他是以本人面对记者，哀戚时心情转向死者。而且，这一丝微笑也就在自己和记者之间划上一条界线：你是局外人。“微笑”之为笑，并非生来与俱的本能，乃是在人际关系中修炼出来的。

急匆匆奔上站台，列车却正好关门，没上去，这时日本人往往报之一笑，把西方人笑得莫名其妙，enigmatic smile。其实，遇到这种情况，落到这个地步，中国人也会笑。那不是慰藉乃至净化自己的心灵，而是东方人介意周围的目光，对自我感觉的狼狈加以掩饰。看不明白日本的笑，正如看不明白能剧的面具。东方的笑，包括日本在内，尤其那似笑非笑的微笑，比西方来得复杂。日本人研究自己，常常是由于西方人见怪了，骨子里不无文化劣等感。中国人对日本的事情大惊小怪，倒多是出于对本国文化的无知。

从解颐、绝倒、喷饭、莞尔、忍俊、强颜到笑里藏刀，谁都能笑出个千变万化。在当今大众社会，笑的数量激增，笑的质量剧变，笑已然是满足市场需求的“商品”。中国艺人在电视上学笑、搞笑，学港台式的笑，搞日本式的笑，我们也都跟着笑，虽然还觉得有点别扭。

吃骨灰

日本电影《黄昏清兵卫》里有这样的场面：清兵卫奉命捕杀一高手，交锋之前，那高手诉说衷肠，还拿起一个小罐子，打开盖，里面装的是女儿的骨灰，幽幽地说着，竟拿起一块放进嘴里，像吃糖一样嚼得酥脆，观众看他便像了恶人。最后高手把长刀砍到房梁上，入木三分，清兵卫的短刀便乘机拦腰一截。终于颓然倒地，摸到手的骨灰罐滚落，黑暗中闪亮了一粒骨灰。

那个小罐子是骨灰罐，日语叫“骨壶”，一般是陶的或瓷的。日本人对骨灰情有独钟，以至有骨灰信仰之说，但到了大嚼的地步就匪夷所思了。以前有个叫胜新太郎的男优，以饰演盲目游侠座头市闻名，前两年北野武导演并主演的《座头市》不过是夸张了他的谐谑罢了，这个胜新太郎爱搞怪，父亲去世，他在媒体镜头前抱着骨灰罐边哭边吃，说“这下子老爸就进咱身体里了”，令人瞠目。

日本死了人几乎百分之百火化。从土葬变为火化，好像大家都不曾反对，为什么呢？民俗学家柳田国男是这样解释的：“人的迁移频繁了，离开故乡在他乡立足度日的机会多了，这也是明治以后的显著现象。但死了要埋在家乡坟墓里的愿望根深蒂固，遗族需要把骨灰抱回去，一下子就不得不火葬了。”当年日本军“雄飞大陆”，但没有青山处处埋忠骨的念头，也没有扶柩归葬的习惯，行军作战，还得带上被我八路军或武工队击毙的战友的骨灰。

如今大多数人是死在医院里，遗体运回家举行葬礼，然后火化。有一种捡骨灰的习俗，其正规之做法，书上写道：拾取骨灰近来大都只是用竹筷子，男左女右，二人一起用筷子夹起骨灰，放进骨灰罐里；首先捡牙，之后按腿、胳膊、腰、背、肋骨、头骨的顺序各捡一块儿，最后是喉结。为此，焚尸的人必须小心翼翼地保持骨灰的形状。日语里“箸”与“桥”发一个音，所以这习俗出自三途河的说法也说不定。死者要渡过的河流有三种，或风平浪静，或浪高风险，就看你生前干了好事还是坏事，并非一死都成佛。至于为何两个人一起捡，可能因为阎王爷差遣小鬼常常是两个一组。死是秽，自古避忌，但尸体被火一烧就净化了，捡骨灰时没有人悲悲戚戚。近邻老太太折过腿，逢人就说骨头是用钉子连上的，她死了，左邻右舍一边为她捡骨灰，一边悄悄说：没发现钉子呀。活着的人可真是无常，我差点笑出声来。由于捡骨灰这个行为，日本人用餐时忌讳互相用筷子传递食物。我们家乡是忌讳把筷子插在碗里的米饭上；我小时候也见过的，棺材前面摆一个碗，装满米，上面插一双筷子。

上古日本人死后装进瓮中埋葬，很像巨大骨灰罐。骨灰罐装了骨灰再放入白桐木箱里，外面包上白布，常见电影里把它挂在脖子上，捧在胸前回老家。电车遗失物品招领，为数最多的是伞，人们上了车往往就忘了它的用处，最稀奇的是骨灰罐，想来是悲至恍惚，醉得朦胧，就把故人送上不归路。三岛由纪夫死后，被掘墓盗走骨灰罐，后来在公厕旁找到。志贺直哉的骨灰罐是国宝级陶艺家滨田庄司的作品，生前用来装砂糖，死后装骨灰，但不知是景仰他的文学，抑或那罐子值钱，有人偷了去，至今下落不明。

前两年去世的文学家水上勉写过一本随笔《骨壶的话》，说他看见的骨灰罐都过于简单，一律灰白色，很是乏味。透明彩釉的，虽然很光亮，也不值得赏玩。他提倡自己动手做骨灰罐，而今好像真有点成风。总惦记自己死后的事，未必是活得轻松，怕是活得更累。也有人说，自己活着预备好，免得给后人添麻烦。细川护熙总理下台后远离政坛，晴耕雨读，几年的工夫就成了陶艺家，标价不菲，是否也给自己做好了骨灰罐呢。

混浴的复兴

日本大力振兴旅游，各村有各村的高招，一招是混浴。不错，拿我们中国人来说，特别是男士，听了较为动容而神往的，无非艺伎和混浴，肥硕相扑不大有人看。

一百三十年前（1879），时当清末，王韬游日本混浴过温泉，写道："往浴于温泉，一室中方池如鉴，纵横约二丈许，男女并裸体而入，真如入无遮大会中。"比王韬早二十几年（1853），水师提督彼理率美国舰队敲开了日本国门，也目睹混浴：一个公共澡堂里，男女满不在乎地赤身裸体，混杂共浴，那光景使美国人对当地的道德心抱有不太好的印象。他不仅把这个东洋景用文字记述在《日本远征记》中，而且有写生画为证。男女混浴，通俗文学的猥亵插图，让他认为日本人淫荡。但见仁见智，似乎普鲁士人比较说好话，例如艾林波伯爵，在美国人之后出使日本，说：男女老少共浴一池，起码不发生丑事；不，可以说，入浴的人丝毫不注意男女性别。这好话却说得有点过分，事实上1791年以后幕府屡颁禁令，理由就是“于风俗不宜”。有一位藩主留下了笔记，说澡堂里黑灯瞎火，时有男女行苟且之事。陋习改也难，明治以降各地也反复发布禁止混浴令。当今东京都规定十岁以上男女不得混浴，其他地方也有限制十二岁以上的，但没有罚则，混也就混了。

日本多温泉，在偏僻简陋的环境里自然形成了混浴的习惯。后来城市里出现“钱汤”，花钱泡汤，就是澡堂子，沿袭旧习，江户时代澡堂子男女混浴。到了三岛由纪夫小时候，温泉乡男女混浴也不罕见；他生于1925年。而生于1907年的井上靖写传记小说，说小时候寄居在伊豆半岛上的曾祖母家（那里有一处地方叫三岛，据说三岛由纪夫的笔名源于此），经常跟让他叫姐姐的年轻姑母在全村公用的温泉混浴，他十来岁，在水花中看见姑母“白皙丰满的裸体很耀眼”。过了四五年，几个女学生在温泉里洗浴，看见他过来，一齐发出惊叫，慌忙爬上来，赶快用衣物把她们的裸体包起来。其中一个穿好了衣服，走出去时掉头冲他说：“色鬼！”那脸孔恶狠狠，口气显然满含了责怪。他从此厌恶这女生，但也知道了，自己已经到了不能像过去那样对女性随随便便的年龄。三岛由纪夫说过，“羞耻心不是文明的问题，羞耻心的多样性只不过是地理学上的多样性”，看来这种话顶多有一半的真理。羞耻心不是一成不变的，随着年龄或时代，远远比地理更易于变化。

什么事物过去了，就可以名之为传统，也就有了复兴的大义名分，况且像三岛由纪夫说的：“从西洋人看来无聊的东西统统废止，从西洋人看来蒙昧的、怪诞的、不好看的、不道德的全部要废止，这就是文明开化主义。从西洋人看来，浪花曲低级，特攻队愚蠢，切腹野蛮，神道无知简单，要是全部否定了这些东西，日本还剩下什么呢？什么都不剩。日本文化不是从西洋人眼睛看来能判断进步或落后的。因此，我们必须知道明治维新以来日本文化并没有进步，已经到了该明白以为追在西洋后头就是文化的荒谬的时候了。”

闲来翻阅两本关于混浴的书，作者皆女性，或许这类书不宜由男人来写。她们写第一次混浴的心情：深深吸了一口气，打开从脱衣处通往露天混浴池的门，像锥子一样的视线盯住我全身，这种羞耻是女性了解混浴世界的洗礼。把怕被人看变成看人，心态一变，其乐也泄泄。然而，青森县山里有一处历时三百多年的温泉，混浴爱好者成立“保卫混浴会”，开展不要盯着女浴客看运动。据说还有人潜伏在池子里，专等女性下汤来养眼，被称作“鳄男”。其实江户时代女孩家去钱汤，也有用两个老太婆前呼后拥，以防性骚扰。混浴的全部意义在于混，与其设大防，分开来泡岂不更痛快？恐怕看总是要看的，但盯着看，在任何场所都不礼貌。有意思的是这个“保卫混浴会”成员上万人，全部是男士，莫非担心把女性看跑了，他们也混不成。

某中国男士随团旅游，要求去混浴温泉，见识一下日本文化，导游笑盈盈说：那你们这一团男女混不混呢？

日语将消亡

水村美苗说:“我平常是谦虚的小市民，写小说时也谦虚，但是写这次出版的《日语消亡时——在英语世纪中》，从开始就没有谦虚的心情。”

她是小说家，1990 年出版小说《续明暗》一举成名，此后又写了两本，也接连获奖，看来相当有实力。这本不谦虚的评论性随笔出版于2008 年10 月，又得了小林秀雄奖。水村称之为“忧国之书”。人正得意，怎么忧起国来了呢？她写道:

“日本人住在被海围绕的岛国，不必抱有自己的语言说不定消亡之类的危机感，连绵地生存下来。然而，现今闯进了英语这种‘普遍语’通过因特网翻山越海在全世界横飞的时代。21 世纪，英语圈外的所有人都被置于自己的语言从‘国语’沦落为‘当地语’的危机。尽管如此，日本人，包括文部科学省在内，却懵懂地活在英语多些、再多些的大合唱之中。”

人类语言的历史是混沌而错综的，水村美苗用普遍语、国语、当地语这三个中心概念来梳理，亦即把语言分为三个类型，构成三个层次。普遍语居上，它是向世界敞开的语言，如拉丁语、阿拉伯语、汉语。普遍至极的，那就是数学语言。普遍语是书面语，蓄积人类智慧，所以求取智慧的人读普遍语，写普遍语，用普遍语面向尽可能多的人做学问。当地语处于最下位，是人们过日子使用的口语俗语，通常也就是自然掌握的母语，即便有书面语，也基本上属于无教养人群。水村批评著有《想象的共同体》一书的安德森，他的母语是英语，便无视英语乃是普遍语的存在，鼓吹多语言主义，简直是“身在福中不知福”。

所谓国语，是翻译普遍语而成的语言，国民认作自己的语言。日语之所以能够在明治维新以后立马被确立为国语，有两个条件：其一，日语虽然不过是汉文圈的当地语，但在翻译普遍语汉文的行为中产生书面语，并且在日本人的文字生活中成熟；其二，明治维新以前日本已经存在安德森所说的印刷资本主义，书面语广为流通。倘若再举出一个条件，那就是日本未变成西方列强的殖民地。于是，通过福泽谕吉等众多能阅读另一种语言的人的翻译，日语变形为国语，又成为能够写小说的语言。日本文学“把那么多样的文字和文学传统混合，并清晰地留下各自的历史痕迹，就我所知，这样的文学在西方文学里找不到”。当国语达到了高度，不懂另一种语言的人也能写作具有世界性的文学。

然而，因特网时代降临了，英语日益成为人类有史以来最大的普遍语，覆盖全世界。越是求取智慧的精英，越心向普遍语。学术论文用英语写，甚至日本文学、日本历史的论文也要用英语写，用英语写评价高，用日文写评价低。一百年前，日本的大学充当巨大的翻译机构，使日语变成国语，而现在越是好大学越用英语讲课，越是精英越要用英语做学问。长此以往，国语就可能沦落为当地语。水村美苗焉能不忧心忡忡，起而疾呼。

她十二岁时随家移居纽约，在耶鲁大学攻读法国文学，以这样的经历忧患日语，惊叫起来也格外惊人。对日语及日本文学的热爱与执著，似源于当初对美国格格不入，读《现代日本文学全集》渡过少女时代。而母亲居住美国二十年，不睬英语，用日语写，她“每读母亲的文章都感到日本近现代文学的丰富”。真明白日本文学的好坏，是能读日语的人才拥有的特权，被欧美说好说坏并没有意义。她在英语博客上自我介绍是“用日语写现代日本文学的小说家”。她通晓英语和法语，因而不至于被讥为酸葡萄，大概也不会被视为一般的国语民族主义者、国语保守主义者。

如何避免日语消亡呢？再凡庸不过了，那就是靠学校的英语教育。可以有三个方针：1、变国语为英语；2、全体国民能说两种语言；3、一部分国民能说两种语言。1 是历史上做过的梦，似不堪回首。近年《朝日新闻》主笔船桥洋一挑头提倡把英语作为第二公用语，实质就是2，虽然也出于忧国之心，但水村予以批判。她主张，在英语世纪中避免语言上孤立，道路唯有3，别无选择。

会外语的人有两类：能读另一种语言的人，能说两种语言的人。对于不是以普遍语为母语的人来说，重要的不是能说，而是能够读普遍语。能读另一种语言的人辈出，翻译书增多，就不必为大体上了解世界发生什么而直接读外语。纵然有全球的文化商品，也不会有真正全球的文学。全球文化商品只能是在真正意义上不需要语言的东西，不需要翻译的东西，最具代表性的就是好莱坞电影。

水村以续写夏目漱石的小说《明暗》出道，在这本随笔中也随处以他为据。她悬想，漱石若生在今天，那么，四分之一世纪之后的世界，非西方学者用英语写作比今天更是常识，他怎么办呢？那时他诅咒自己以距离英语太远的语言为母语的命运，嫉妒以英语为母语的幸运，却不得不把人生的相当多时间拿来跟英语搏斗。可是，用英语写让他感到难以自拔的孤独，对所写不会满足。就是说，四分之一世纪以后的漱石还是要用日语写，写文学。

求取智慧的精英被吸进英语的趋势是无法阻止的，但现在还可以重新选择，水村美苗在全书的末尾写道："即便那样，假如日语也处于消亡的命运，那么我们能做的，就只有正视其过程，如同能正视自己死去是人的精神的证明。"

——说得好悲壮。

代后记

「贩日」二十年

我是昭和末年东渡的，见过平成的天皇登基，昭和天皇出殡，当然都是看电视。1989 年是昭和六十四年，但只有七天，过完新年就响起了哀乐，改元平成。昭和元年也只有七天，掐头去尾，这个年号长达六十二年。今年是平成二十四年，历史已超过只有十五年的大正。大约从平成元年始作文，一晃竟写了二十余年。

学无所专，为人又漫羡而无所归心，舞文弄墨也只是随性。兴趣之所至，什么都拿来写，合成集子就好像杂货铺。杂货铺的说法似乎已过时，如今是超市，而且越开越大，我的集子自不能拿它来比喻。常有人劝我专注于一题，譬如我好酒，那就写一本日本酒，说不定能当上日本酒专家。但我这个人，凡事浅尝辄止，见异思迁，只好强辩说，我的专题是日本。倘若给杂货铺挂一个招牌，那就叫“贩日”。这么说也未免把话说大了，好些事物不感兴趣也就从不涉笔。

记得好多年以前，上海某出版社编辑曾约我写书，我写来写去，净是些短小的小文，零零碎碎，不如他所愿，结果就废了，徒然耽误了他的选题计划。

可我就喜欢写小文，颇有点向往废名的那种境界，他说："就表现的手法说，我分明地受了中国诗词的影响，我写小说同唐人写绝句一样，绝句二十个字，或二十八个字，成功一首诗，我的一篇小说，篇幅当然长得多，实在用写绝句的方法写的，不肯浪费语言。"也许拿俳句作比更轻松些，像川端康成说的，十七音的俳句比耗费千万言的风景描写更有力。不过，如某友所言，我写不来长文，这也是真的。大概首先是禀性使然，我没有耐性，一鼓作气千把字，再而衰，三而竭。这要是抗日，可就打不了持久战。一个人应该像石榴一样，里面塞满子，却也不妨像莲藕，里面有很多空洞，才能活在淤泥中。

再是我作文好似幼儿园的老师，哪个孩子都必须看在眼里，文章一长，就觉得满纸的字照看不过来了，惴惴不安。这就像是玩文字了罢。评论家桑原武夫说："相对于日本式的情绪性，中国和法国是理性主义。而且，古典主义的国家也只有中国和法国。两国有这种想法：在某种意义上语言比内容优先，语言的修炼形成价值。日本是实践躬行的国家，没有那样的古典主义。"可是近两年，好像被人说的，竟不能免俗，像当年练酒量一样，文章见长，已觉得醉话连篇了。

止庵先生说：李长声写日本有一种俯视的态度。倘若真是在俯视，可能得益于读书。日本在地图上很小，但走进日本，去哪里还是有距离的，因为人更小得画不上地图。人在生活中，视线总会被遮挡，况且又常戴着中国眼镜看一切，而日本人写的书，写他们自己，能够为我们的观察提供一个高度。俯视也是把事物置于历史之中看。抗战胜利第二年，钱歌川时隔二十年随盟国管制日本的中国代表团重游日本，在随笔里写到战败之初的日本："我们都知道日本的政治上轨道，人民是极守秩序的，可是现在上电车火车时，都争先恐后，你挤我拥，甚至从窗口爬进去，和我国在战时逃难的情形没有两样。店家下午四时就关了店门，晚上街上时有抢劫，以前乡下的强盗破门而入，至多只带一把刀子，现在他们都带的是手枪，所以有人说，日本受美国管制，连强盗都美国化了。"去年东日本发生地震及海啸，惊动世界，而他们临危不乱，井然有序，令全世界交口称赞，但历史地俯视，这种美德也并非天生。

小说家中上健次说："愚蠢的作家忘了自己是妓女，以为自己干着什么了不起的事情呢。"我没觉得自己干着了不起的事情，但可以坦然说，虽然有败笔，但每篇都不曾偷工减料，此刻也绝不说什么时间有限云云。未必有灼见，但是在真知上尽了力。冷冷看，闲闲说，也请你轻轻松松读。